OVNIS

QUÉBEC INSOLITE

Danielle Goyette

OVNIS

ÉDITIONS
MICHEL QUINTIN

Catalogage avant publication de Bibliothèque et Archives
nationales du Québec et Bibliothèque et Archives Canada

Goyette, Danielle, 1957-

   Ovnis
   (Québec insolite)

   Comprend des réf. bibliogr.

   ISBN 978-2-89435-467-4

   1. Ovnis. I. Titre. II. Collection: Québec insolite.

TL789.G69 2010   001.942   C2010-940672-9

Édition: Johanne Ménard
Révision linguistique: Paul Lafrance
Conception graphique: Céline Forget
Mise en page: Stéphane Jennings et Sandy Lampron

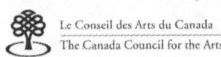  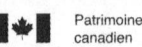

Gouvernement du Québec – Programme de crédit
d'impôt pour l'édition de livres – Gestion SODEC

La publication de cet ouvrage a été réalisée grâce au soutien financier du Conseil des Arts du Canada et de la SODEC. De plus, les Éditions Michel Quintin reconnaissent l'aide financière du gouvernement du Canada par l'entremise du Fonds du livre du Canada pour leurs activités d'édition.

Tous droits de traduction et d'adaptation réservés pour tous les pays. Toute reproduction d'un extrait quelconque de ce livre, par procédé mécanique ou électronique, y compris la microreproduction, est strictement interdite sans l'autorisation écrite de l'éditeur.

ISBN 978-2-89435-467-4

Dépôt légal – Bibliothèque nationale du Québec, 2010
                Bibliothèque nationale du Canada, 2010

© Copyright 2010
Éditions Michel Quintin

C.P. 340
Waterloo (Québec)
Canada J0E 2N0
Tél.: 450 539-3774
Téléc.: 450 539-4905
www.editionsmichelquintin.ca

10-GA-1

Imprimé au Canada

*À mon grand frère Clément.
Tu m'as portée si souvent sur tes épaules
quand j'étais petite...
Tu me donnais ainsi l'exaltante impression
d'avoir la tête dans les étoiles !*

« *Tant que l'homme ne s'est pas expliqué le secret de l'univers,
il n'a pas le droit d'être satisfait.* »
Jules Renard

« *Ce qui est puéril, c'est de se figurer qu'en se bandant les yeux
devant l'Inconnu, on supprime l'Inconnu.* »
Victor Hugo

« *Généralement, les hommes sont plus riches des mystères qui
les constituent que de ceux qu'ils élucident.* »
Xavier Deutsch

Avertissement

Les faits et opinions ici publiés n'engagent en rien l'éditeur ni l'auteure et ne concernent que les témoins cités.

Certains noms et lieux ont été changés ou présentés de façon évasive dans le but de préserver l'anonymat de certains témoins.

Nous tenons également à souligner que les propos tenus dans les rubriques Le coin du sceptique *ne livrent pas des «diagnostics» liés directement aux témoignages cités dans ce livre, mais tentent plutôt d'apporter une interprétation scientifique plausible à des cas d'observations d'ovnis. Il va sans dire que certains passages de ces rubriques peuvent être liés à plus d'un cas relaté dans ce livre.*

TABLE DES MATIÈRES

Introduction – 9

PARTIE 1 : LES GRANDES ENQUÊTES
DU RÉSEAU OVNI-ALERTE – 21

Des traces inexplicables – 23

Les plus impressionnantes preuves matérielles – 27

L'ovni répond à leur signal – 35

Les mystérieux clichés de Mansonville – 41

Comme des méduses aériennes – 47

L'histoire de François C. Bourbeau, expert ufologue – 53

PARTIE 2 : LE MYSTÈRE PLANE TOUJOURS – 83

Montréal : deux cas phénoménaux – 85

Laurentides : troublantes lumières en plein bois – 97

Les environs du mont Saint-Hilaire :
curieux ovnis à répétition – 109

Drummondville : un spectaculaire défilé d'ovnis – 117

Du Lac-Saint-Jean aux Cantons-de-l'Est :
de fascinantes photos – 123

En Gaspésie : plus de mystère encore – 131

Rencontre exceptionnelle du troisième type – 147

PARTIE 3 : SONT-ILS PARMI NOUS ? – 157

Le mystère des hommes en noir – 159

Intraterrestres et Ummites : des hypothèses effarantes – 167

Les ovnis dans l'art – 173

Conclusion – 179

Annexe : LN, DD, RRI, RRII… – 182

Remerciements – 184

Crédits photo – 186

Bibliographie – 188

Notes – 190

INTRODUCTION

C'était en plein été. La nuit était chaude.

Le ciel parfaitement clair était criblé d'étoiles.

Il était près de minuit.

Éric revenait calmement à la maison par une route de campagne peu éclairée. Il avait passé une belle soirée en compagnie de son amoureuse, qu'il venait tout juste de raccompagner.

Soudain, dans la pénombre, surgit une lumière très vive qui se mit à évoluer parallèlement à sa voiture. Il crut d'abord qu'une auto dont il n'avait pas vu les phares dans son rétroviseur allait le dépasser à toute vitesse. Mais en regardant rapidement dans cette direction plusieurs fois, il constata vite que l'objet lumineux semblait plutôt voler au-dessus du champ qui longeait la route de terre battue. Éric ralentit pour mieux observer la chose. Cette dernière ralentit également pour se maintenir à sa vitesse. Il put alors distinguer la longue forme ovale et la couleur métallique de l'engin singulier.

La crainte le prit aux tripes.

Qu'était-ce?

Il accéléra, mais l'objet étrange fit de même.

Ce n'était rien qu'il pouvait identifier.

Rien qu'il ne pouvait comprendre.

Pourquoi le poursuivait-on ainsi ? Que lui arrivait-il ?

Et soudain, tout dégénéra. La radio se mit à grésiller, la lumière du tableau de bord à vaciller, le moteur de la voiture à faire des ratés. Tout s'arrêta subitement tandis que l'objet lumineux en suspension dans l'air à quelques mètres de lui augmentait brusquement d'intensité. Éric eut le temps de discerner d'intenses phares jaune et bleu qui clignotaient en rotation sous l'appareil mystérieux juste avant qu'une écrasante torpeur le foudroie.

Que se passait-il ?

Il fut pris d'étourdissements et d'engourdissements dans tous les membres... Il était incapable de bouger.

Quand il ouvrit les yeux, la lueur du jour colorait le vaste champ à côté de la route. C'était le matin. Son auto était arrêtée en plein milieu du chemin de terre. Le moteur tournait. Il était assis du côté passager. Sa nuque reposait lourdement sur l'appui-tête.

Il avait envie de vomir. Il était étourdi.

Il avait un goût acide dans la bouche. Les yeux lui brûlaient.

Que lui était-il arrivé ? Qu'était-ce que cette vague impression qu'il lui manquait un bout de vie ?

Il consulta sa montre, elle s'était arrêtée à minuit dix...

Le soleil était pourtant bien levé.

Il jeta un œil à l'extérieur.

Le champ de blé était criblé de grands cercles d'herbe aplatie.

Comme si une tempête l'avait dévasté.

Éric eut soudain un vif serrement dans la poitrine.

TOUT venait de lui revenir en mémoire !

Le phénomène des ovnis demeure certainement le sujet insolite qui suscite le plus de controverses, de recherches et de questions. La littérature à ce sujet est considérable et une multitude de cas, abondants notamment aux États-Unis, ont alimenté d'innombrables livres. Qui n'a pas entendu parler de l'histoire tant médiatisée de l'écrasement d'un ovni à Roswell ou du couple américain Betty et Barney Hill enlevé par des extraterrestres ?

On se souvient également du canular monté à la radio américaine par Orson Welles le 30 octobre 1938 ayant provoqué une hystérie collective. C'était la veille de l'Halloween. Welles eut l'idée d'adapter sur les ondes une partie du roman *La guerre des mondes* de H.G. Wells en lui donnant un aspect journalistique plutôt «crédible». L'un des reporters sur le terrain partageait en direct avec Welles les premières impressions d'une rencontre du troisième type advenue à la suite de l'écrasement d'une supposée soucoupe volante. En voici un extrait.

«Mesdames et messieurs, c'est la chose la plus terrifiante dont j'ai été témoin... attendez une minute, il y a quelque chose qui rampe. Quelqu'un ou... quelque chose. Bon Dieu! Il y a quelque chose qui sort de l'ombre... comme un serpent gris. Il y en a un autre, et un autre, et un autre encore. On dirait des tentacules. Ça brille comme du cuir mouillé. Mesdames et messieurs, c'est indescriptible! J'ai toutes les peines du monde à continuer de regarder ça,

tellement c'est abominable. Ses yeux sont noirs et luisent comme ceux d'un serpent. De la salive s'écoule de ce qui pourrait être sa bouche... »

On connaît la suite. Bien que la grande majorité des auditeurs aient su dès le départ que c'était un canular puisque cela avait été mentionné en début d'émission, des gens qui avaient syntonisé la station en cours de diffusion ont cru aux propos de l'animateur et se sont rués dans la rue, totalement paniqués, croyant à une réelle invasion des Martiens. Des bouchons monstres ont bloqué les routes et les journaux allèrent jusqu'à affirmer que certaines personnes s'étaient suicidées de peur d'être enlevées. La presse a-t-elle amplifié l'événement ? Fort possible. Mais on a parlé longtemps de cette expérience radiophonique mémorable.

 Les témoignages d'observations d'ovnis ne datent pas d'hier.

« [...] pendant le coucher du soleil, un objet rond, comme un globe, a pris son chemin dans le ciel d'ouest en est. »

Extrait de *Liber de Prodigiis*, de Julius Obsequens, auteur romain qui aurait vécu au IVe siècle, au sujet d'événements qui seraient survenus en l'an 99 av. J.-C.

Or, un fait demeure. Quoi qu'on en dise, la menace d'une éventuelle attaque d'êtres venus d'un ailleurs, qu'ils soient extraterrestres ou non, continue de planer encore au XXIe siècle, et ce, partout dans le monde. Le Québec n'est pas en reste. La preuve ? Ces dernières années, plusieurs témoins disent avoir encore observé des engins mystérieux volant dans le ciel. Si certains de ces objets ont pu être identifiés comme étant des ballons-sondes, des satellites ou des planètes, d'autres observations demeurent inexpliquées. La description de ces objets volants non identifiés, ou ovnis, évoque leur forme ronde, ovale ou en V, leur couleur métallique, le fait qu'ils sont éclairés de plusieurs lumières ou entièrement lumineux, leur inquiétante stagnation dans le ciel ou au contraire leur vitesse étonnante à le parcourir en un éclair...

La première mention d'un ovni au Québec

Un commis au poste de traite de fourrures de la Compagnie de la baie d'Hudson, dans le Nord du Québec, archivait tout, données et faits quotidiens. Nous n'avons malheureusement pas son nom, mais ses écrits ont tout de même traversé les siècles. Le matin du 14 août 1841, le ciel allait offrir à ce témoin privilégié un spectacle inédit. Il y aperçut sept objets évoluant en une sorte de spirale. Voici ce que l'on peut réussir à déchiffrer de son texte presque illisible : « J'ai vécu quelque chose de particulier ce matin. J'ai aperçu environ sept objets blancs qui volaient dans le ciel et laissaient derrière eux une traînée d'étoiles blanches. J'ai également entendu d'étranges sons qui s'accordaient à cette apparition. » Il semble que ce soit le plus ancien témoignage d'observation d'un ovni rédigé au Québec[1].

Ce document rédigé en anglais raconte la première observation répertoriée d'un ovni au Québec, dans la région de la baie d'Hudson.

D'hier à... demain

D'année en année, de nombreux autres témoins ont raconté des faits similaires ou différents. Certains cas particuliers fascinent encore les ufologues[2] d'aujourd'hui, tels que l'observation faite à l'hôtel Hilton Bonaventure à Montréal ou les preuves matérielles trouvées à Sainte-Marie-de-Monnoir.

Au Québec, d'ailleurs, différentes associations regroupent des ufologues ou des enquêteurs d'ovnis qui se consacrent à faire avancer les recherches dans le domaine. On connaît notamment l'Association québécoise d'ufologie qui compte quelques enquêteurs (www.ovni-expert.com), Ovni-Québec qui répertorie des données de toutes sortes et de toutes sources sur les manifestations d'ovnis partout dans le monde (www.ovni-quebec.info), l'Association Sciences de l'étrange et phénomènes inexpliqués (www.asepiinc.org) qui touche au phénomène des ovnis également, ainsi que le Réseau Ovni-Alerte (www.ovni-alerte.com) qui réunit notamment plusieurs enquêteurs au Québec formés par son fondateur, François C. Bourbeau.

Pour les besoins de cet ouvrage, une collaboration étroite s'est établie avec ce dernier organisme, très bien documenté : avec ses 35 années d'expérience, ses multiples enquêtes et les archives qu'il compile depuis toutes ces années, François C. Bourbeau nous est en effet apparu comme l'ufologue le plus expérimenté pour nous aider à bien alimenter ce livre. Les imposantes archives d'Ovni-Alerte nous ont ainsi fait connaître une bonne partie des meilleurs témoins de ce livre, que nous avons recontactés par la suite.

Vous verrez, vous plonger dans cet ouvrage vous poussera dorénavant à porter les yeux au ciel beaucoup plus souvent qu'auparavant. Ce ne sera plus jamais pareil. Et, sait-on jamais, peut-être ainsi serez-vous vous-même un jour témoin du passage d'un ovni ou, plus important encore, rencontrerez-vous finalement un de ces êtres venus d'ailleurs ?

EXCLUSIF À PHOTO POLICE

S'ils refusent de s'identifier

L'ARMÉE A ORDRE D'ABATTRE LES OVNIS!

Mardi, 16 janvier 1990. Ce soir-là, vers 22h00, des objets volants non-identifiés sont signalés au-dessus de Mirabel. Quelques instants plus tard, une autre formation d'engins est aperçue au-dessus de la ville de Québec. Quelques jours plus tard, des experts se prononcent: la formation vue au-dessus de Québec est une supercherie. Mais celle de Mirabel est vraie. Encore une fois, on «vole» en plein mystère...

YVES MALLETTE
Photos: Claude DAVID

L'affaire des OVNIS aura suscité l'intérêt de toute la province pendant quelques jours.

Des conversations houleuses eurent lieu sur les diverses lignes ouvertes des postes de radio tandis que les divers autres médias soulevaient l'affaire parfois légèrement, parfois plus sérieusement.

Les OVNIS ne soulèvent plus les passions comme dans les années passées.

Nous vivons une ère de scepticisme, de méfiance, qui a succédé à un âge de foi aveugle et de recherche spirituelle. De nombreux gourous se sont amassés des fortunes en exploitant ce filon.

Mais de moins en moins de gens sont maintenant prêts à s'abandonner (de même que leur argent) à n'importe quel «sage» à barbe qui leur chante les plus beaux airs, tout célestes soient-ils.

Mais, cette nouvelle affaire d'OVNIS a suffi à relancer le débat.

Vrai ou faux?
Mythe ou réalité?
Les OVNIS ne sont-ils que le reflet d'une hallucination collective, d'une folie sociale?

Ou sont-ils la preuve tangible et matérielle qu'il existe d'autres êtres pensants dans l'Univers?

Il appert que depuis 20 ans, les spécialistes du problème, de même que les diverses autorités militaires du monde, auraient recensé plus de 3 millions de signalement d'OVNIS ou d'expériences diverses avec OVNIS et extra-terrestres!

Tous ces signalements ont été soigneusement compilés et classés dans des dossiers qui plus souvent qu'autrement sont relégués aux oubliettes.

PHOTO POLICE a voulu en savoir davantage sur le phénomène des OVNIS en 1990.

Qu'en est-il exactement?

A-t-on progressé depuis cinq ou dix ans sur nos connaissances en la matière et si oui, que savons-nous de plus sur la possible existence des OVNIS et de leurs occupants?

C'est un jeune et dynamique chercheur qui a répondu à nos questions.

Nous avons rencontré François Bourbeau, ufologue, qui dirige un organisme de recherche appelé «OVNI ALERTE», à Drummondville.

M. Bourbeau est également éditeur du magazine «FUSION».

Journaliste depuis plusieurs années, M. Bourbeau se consacre depuis sa plus tendre enfance à la recherche sur les phénomènes para-normaux et plus particulièrement les signalements d'OVNIS et témoignages de gens ayant vu ou contacté des occupants d'engins volants non identifiés.

Signalons par ailleurs, que M. Bourbeau a lui-même été le témoin visuel, il y a plusieurs années, du vol d'un OVNI et qu'il l'a personnellement photographié, alors que l'engin était au-dessus de lui.

Ce sont des découvertes bizarres et parfois fascinantes qui nous attendent quand nous feuilletons les milliers de pages de documentation que possède M. François Bourbeau.

Également auteur d'un livre intitulé «CONTACT 158», François Bourbeau possède une filière hors du commun sur tous les phénomènes paranormaux.

Il revient d'ailleurs d'un voyage dans l'ouest du Canada où SASQUASH, ce yéti canadien, vivrait, selon certains témoignages, dans les forêts des provinces de l'ouest.

M. Bourbeau a donc pu faire la lumière sur les observations d'OVNIS faites au-dessus de la ville de Québec, de même que celles faites sur les radars de Mirabel.

Il nous livre ici le fruit de ses découvertes.

TOUT SUR LES OVNIS EN 1990

- **Des documents secrets**
- **Des témoignages**
- **Des rencontres du 3e type**

LE PETIT JOURNAL

MONTRÉAL — 51e année — No 11 — LE PETIT JOURNAL — Semaine du 15 au 21 janvier 1977

Six Montréalais jurent avoir vu la soucoupe volante

L'APPARITION DES 2 EXTRA-TERRESTRES ÉTONNE LES SCEPTIQUES

(PAGE 2)

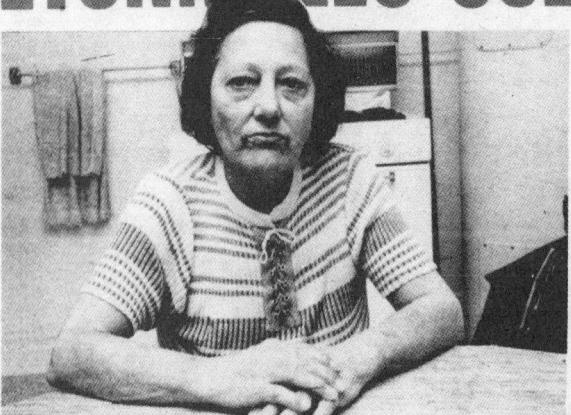

Mme Florida Malboeuf ne croyait pas aux soucoupes volantes ni aux extra-terrestres jusqu'à ce qu'elle en vit sur le toit de la maison, en face de chez elle, ces jours derniers, en plein coeur de Montréal. Depuis cette nuit-là, Mme Malboeuf n'en dort plus et aurait préféré ne jamais avoir eu une telle apparition, confirmée par plusieurs autres citoyens de la métropole.

Mme Florida Malboeuf n'en dort plus!

ELLE A VU UNE SOUCOUPE VOLANTE ET DEUX "ÊTRES DE L'ESPACE" SUR LE TOIT DE LA MAISON D'EN FACE

Mme Florida Malboeuf, 58 ans, du 6420 de la rue Casgrain, à Montréal est profondément traumatisée. On le serait à moins. En ce jeudi du 6 janvier dernier, plutôt insomniaque, Mme Malboeuf est assise à sa fenêtre. Il est 1 heure et 30 du matin. Tout à coup que voit-elle? Une sorte de grande assiette ou plutôt de grosse huître de 15 pieds de diamètre en train d'atterrir sur le toit d'une des maisons d'en face (plus précisément au 6399, de la rue Casgrain, angle Burelle).

Elle se frotte les yeux. Elle se pince pour voir si elle ne rêve pas. Elle doit pourtant se rendre à l'évidence: elle voit bien ce qu'elle voit. Et ce n'est pas tout. De cet appareil gris argent muni de pattes à sa base, de cette soucoupe volante (car il n'y a plus de doute que c'en est une), Mme Malboeuf voit sortir deux êtres étranges de 6 pieds et 5 pouces de taille, vêtus d'un costume de couleur pâle, sans ceinture serrée. Ces "êtres de l'espace" ne semblent pas peser plus de 25 livres chacun tant leur démarche est légère. Ils s'avancent vers le bord du toit, regardent dans la rue, puis se transportent maintenant leur appareil et disparaissent comme ils sont venus. Le tout, de l'atterrissage au décollage, n'a pas duré une minute.

"Je ne m'intéressais pas aux soucoupes volantes", d'expliquer Mme Malboeuf. "Je n'y croyais même pas du tout. Cet événement m'a tellement bouleversée que j'aurais préféré ne pas avoir vu ça..."

"C'était pourtant, à ce qu'on raconte, quelque chose de renversant. On comprend que cette nuit-là, le chien d'un voisin se soit mis à hurler, le propriétaire de la bête ne parvenant pas à le calmer.

Craignant malgré tout d'avoir été victime d'un mauvais tour, Mme Malboeuf hésite à appeler la police. Elle ne s'y résoudra que quelques heures plus tard lorsque son fils André, 25 ans, a montréal sur le toit de la maison qui a reçu cette drôle de visite, pour y avoir la surprise de sa vie: la découverte d'un cercle de 15 pieds de diamètre de neige et de glace fondues.

Mme Malboeuf a aussi appelé à Dorval où l'on admet avoir vu, cette nuit-là, un objet étrange filant, de l'ouest à l'est, dans le ciel de Montréal à une vitesse approximative de 800 milles à l'heure. D'ailleurs quatre ou cinq autres personnes ont appelé à Dorval pour confirmer le phénomène.

Il y a aussi ces quatre ou cinq personnes qui, attendant le dernier autobus à la station de métro de Rosemont, ont vu, dans le ciel montréalais de cette nuit-là, cet objet volant fantastique se déplaçant d'ouest en est. Quant à la police, après avoir fait les constatations d'usage, elle attend, tout comme Dorval d'ailleurs et même l'armée canadienne, le résultat des analyses des pistes (dans la neige et la glace du fameux toit en question) qu'effectuent présentement les experts de l'organisme canado-américain "U.F.O. Investigation".

Madame Malboeuf préfère n'avoir rien vu. Elle a peur que les extra-terrestres s'en prennent à elle. Son fils, André, rassure sa mère à ce sujet de son mieux.

ANDRÉ MALBOEUF A DÉCOUVERT LA TRACE DE PAS D'UN EXTRA-TERRESTRE

C'est André Malboeuf qui, après avoir entendu ce que sa mère avait vu, s'est occupé d'avertir les autorités. Le Petit Journal est allé sur place se renseigner auprès de la famille Malboeuf.

André est monté plusieurs fois sur le toit et a fait monter les spécialistes lorsqu'il a décelé des traces de pas. Les enquêteurs d'UFO ont découpé une empreinte de pas de 8" de long dans la glace couvrant le toit.

À plusieurs reprises, il a dû rassurer sa mère qui préférait se taire plutôt que de devenir le centre de la controverse.

Les policiers du poste 18 ont préféré ne pas croire à l'histoire et considèrent que c'est une fumisterie. Malgré tout, deux agents sont allés voir sur place mais veulent faire passer leur enquête comme de la curiosité personnelle.

Malgré l'opposition des autorités, André a réussi à rejoindre des scientifiques qui ont pris le témoignage plus au sérieux.

"Le fait que le compteur Geiger indique des effets radio-actifs est une preuve que la soucoupe fonctionne à l'énergie nucléaire. Quand ma mère m'a dit ce qu'elle avait vu, j'ai compris tout de suite que c'était très important. Je ne pouvais garder cela pour moi, il fallait que j'avertisse les autorités. Je suis monté sur le toit au risque de ma vie et j'ai constaté que l'appareil avait laissé des traces évidentes.

"Lorsque j'ai confronté ces traces aux spécialistes de UFO International, ils ont immédiatement admis qu'il y avait des similitudes entre mes constatations et ce qui avait été vu ailleurs.

LA NEIGE RADIOACTIVE SUR LE TOIT DE LA MAISON

La nouvelle de l'atterrissage de la soucoupe a évidemment attiré l'attention de nombreux chercheurs. Le Centre de recherche UFO envoyait immédiatement un de ses enquêteurs sur les lieux. Howard Gontovnick a pris des échantillons de la neige à trois endroits différents sur le toit de la maison.

"J'ai conservé la neige dans des petits contenants en plastique au congélateur. Les échantillons ont été traités de la même façon et fait étrange, dans deux des flacons, la neige s'est transformée en glace dans la troisième, la neige s'est transformée en eau. Il n'y a pas de doute que les composants des échantillons diffèrent. Le degré de congélation des solutions varie avec les éléments composants.

"Nous allons faire analyser les échantillons au laboratoire afin de déceler les éléments qui composent les dépôts laissés par les visiteurs de l'extérieur. Il est très important pour la sécurité nationale de savoir quelle est la source d'énergie qui fait avancer les bolides aériens."

M. Gontovnick rappelle alors que les gens avaient aperçu une soucoupe volante à Saint-Cyrille près de Québec. Après avoir analysé les restes laissés par l'objet volant, les chimistes ont trouvé une surabondance de magnésium.

Le compteur Geiger, capable de détecter de la radio-activité sur le toit de la maison où aurait atterri la soucoupe, mais les experts refusent pour le moment d'en tirer des conclusions définitives.

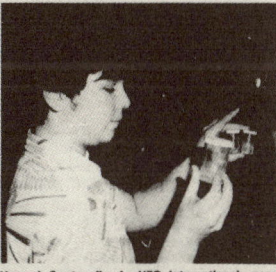

Howard Gontovnik, de UFO International, nous montre les échantillons qu'il a prélevés sur le toit de la maison.

À L'AÉROPORT DE DORVAL, M. PAUL DUBEAU A AUSSI VU LA SOUCOUPE DANS LE CIEL

Mécanicien de métier, Paul Dubeau travaille depuis plusieurs années à l'aéroport de Dorval. Il connaît le ciel à fond et peut presque identifier des avions rien qu'à regarder la façon dont ils volent.

"Le soir même où madame Malboeuf a vu la soucoupe volante sur le toit de la maison de la rue Casgrain, j'ai moi aussi aperçu un objet étrange dans le ciel de Montréal. Il était entre six et sept heures du soir. J'ai vu un objet volant. Ce n'était pas un avion de ligne. Les lumières rouges et blanches clignotaient à des intervalles irréguliers alors que je sais par expérience que les phares des avions normaux clignotent à la même fréquence."

"L'objet volant se trouvait à une hauteur de 40,000 pieds et se dirigeait du nord au sud. Cela ne dura pas très longtemps. À mi-chemin, l'objet volant s'est mis à descendre un peu. Puis soudain, quelque part au sud du Parc Jarry, les lumières disparurent, comme si elles s'éteignaient progressivement."

Il s'en ouvrit à ses compagnons de travail. Le lendemain, un de ses collègues entendit parler du témoignage de madame Malboeuf et lui rappela l'expérience qu'il avait vécue, la même nuit où la dame avait aperçu les hommes en blanc.

La coïncidence était trop frappante et M. Dubeau apporta lui aussi son témoignage important à cette incursion qui n'a pas fini de faire parler d'elle. Toujours selon notre témoin, la soucoupe aurait environ 25 pieds de diamètre.

Paul Dubeau montre sur la carte où il a vu passer le bolide lumineux dans le ciel de la métropole.

Ovni-Alerte

Le Réseau Ovni-Alerte est le centre d'archives ufologiques le plus complet au Québec, et fort certainement au Canada. Créé en 1985, il a pris la relève de la CCUQ (Centrale de compilation ufologique du Québec) fondée en 1979. Sous la gouverne de son fondateur François C. Bourbeau, le Réseau étudie la question des ovnis au Québec et compile les données pertinentes et les témoignages. Il a établi des protocoles de recherche et d'enquête sur le terrain, il forme des techniciens-enquêteurs en ufologie (35 enquêteurs formés à ce jour au Québec) ainsi que des agents d'information (une vingtaine d'agents ont jusqu'à maintenant suivi la formation) et travaille

avec des collaborateurs de différents milieux scientifiques et professionnels (biologistes, scientifiques universitaires, militaires, policiers, pompiers, contrôleurs aériens, etc.). Enfin, il s'applique à diffuser toute information pertinente en ufologie dans le monde médiatique.

Le Réseau Ovni-Alerte, c'est plus de 6 000 témoignages analysés et classés en archives, plusieurs accompagnés de photos exclusives. C'est plus de 3 000 photos de ciel nocturne dont plusieurs en 3D pour présentation sur écran géant au cours de conférences. C'est plus de 4 500 ouvrages de référence spécialisés, 1 200 audiocassettes et 900 vidéocassettes de témoignages.

Le but ultime de l'organisme : arriver à démontrer un jour, et ce, hors de tout doute raisonnable et de façon scientifique, la nature et l'origine des objets volants non identifiés.

Si vous croyez avoir vu un ovni ou dès que vous observez un ovni, rendez-vous sur le site Web du Réseau (www.ovni-alerte.com) le plus vite possible pour en aviser le personnel, ou envoyez-lui un descriptif détaillé de votre observation. Peut-être serez-vous un jour le témoin privilégié d'une rencontre du troisième type qui changera votre vie et la face de notre monde...

PARTIE 1

LES GRANDES ENQUÊTES DU RÉSEAU OVNI-ALERTE

DES TRACES INEXPLICABLES

Lieu : Marieville, en Montérégie
Témoins : neuf membres d'une même famille
Type d'observation : rencontre rapprochée
du deuxième type (RRII)
Date : 19 août 1981

Il existe bien sûr d'innombrables cas d'observations d'ovnis au Québec. Dans cet ouvrage, nous vous en présenterons quelques-uns choisis parmi ceux qui nous ont semblé les plus fascinants.

Un cas advenu en Montérégie en 1981 demeure à ce jour l'un des plus importants étudiés par le Réseau Ovni-Alerte. Il implique une famille de neuf personnes qui circulait en jeep sur la route 112 ce soir-là vers 21 h 15, et des preuves matérielles ont été laissées sur place après la manifestation de l'ovni.

François C. Bourbeau, du Réseau, nous raconte leur histoire. «Ils ont été accompagnés en parallèle sur une distance de près d'un demi-mille [env. 0,75 km] par un engin étrange de couleur rouge et bleu. Probablement que ces lumières ne provoquaient pas de phosphène dans les rétines des témoins, car jamais ils ne se sont sentis aveuglés[3]. Ayant d'abord pensé que ce pouvait être une voiture de police, ils furent soudain surpris d'apercevoir plus clairement la forme de l'objet, semblable à un disque bleu surmonté d'un dôme rouge vif éclatant. L'ensemble tournait sur son axe central et se déplaçait à la même vitesse que leur véhicule.» Le manège se poursuivit une vingtaine de secondes. Fait étrange, les occupants du véhicule semblèrent comme hypnotisés par cette vision mystérieuse au point de ne pouvoir s'arrêter et de continuer leur route quelques minutes encore avant de reprendre leurs esprits. Ils décidèrent alors de faire demi-tour pour retourner sur les lieux, mais l'objet singulier s'était déjà volatilisé. Il avait pourtant laissé des traces sur le sol sur une longueur de 625 m. Le lendemain, François C. Bourbeau se rendait sur place avec des membres de l'équipe d'Ovni-Alerte et ils y prenaient des photos remarquables du passage de cet ovni dans le secteur.

Vue en plongée du champ et des traces laissées au sol par l'ovni.

«Ç'a été un beau cas de preuves matérielles extraordinaires. On pouvait voir clairement la présence de deux nids de soucoupe dont un d'un diamètre d'environ 9 m et l'autre de 3 m. L'herbe avait été aplatie dans la même direction tout le long de ces traces. Nous avons vérifié auprès d'Environnement Canada et aucun vent violent ni fortes précipitations n'avaient touché la région ce soir du 19 août 1981, ni les jours précédant

Malgré qu'aucun phénomène météorologique n'ait pu provoquer un tel mouvement dans les herbes du champ, celles-ci furent aplaties à plusieurs endroits.

la manifestation de l'ovni. De plus, aucune trace de pneus ou de roues à chenille de tracteurs n'était visible sur le site, éliminant du coup l'hypothèse qu'un véhicule agricole ait pu produire ces traces circulaires. Autre fait étrange, un voisin nous raconta que, cette nuit-là, son chien affolé avait hurlé et même cassé la chaîne de métal qui le retenait à sa niche. L'animal avait même souffert d'une "extinction de voix" les jours suivants. Enfin, l'ensemble des faits étonnants de cette observation demeurée sans explication scientifique constitue encore à ce jour l'un des plus beaux exemples québécois de rencontre rapprochée du deuxième type (RRII)[4]. »

LES PLUS IMPRESSIONNANTES PREUVES MATÉRIELLES

Lieu : Sainte-Marie-de-Monnoir, en Montérégie
Témoins : monsieur Noiseux et Daniel Galarneau
Type d'observation : rencontre rapprochée
du deuxième type (RRII)
Date : 20 novembre 1989

Ce soir-là, l'herbe d'un champ à Sainte-Marie-de-Monnoir (maintenant fusionné à Marieville) a été touchée par la lumière d'un ovni qui y aurait possiblement atterri. Le génome du végétal en a été transformé. Le biologiste[5] qui, à la demande du Réseau Ovni-Alerte, a analysé un échantillon de cette herbe à l'époque (licencié par son employeur quand il sut qu'il avait travaillé sur un cas d'ovni) avait confié à François C. Bourbeau : « En un laps de temps extrêmement court, un rayonnement électromagnétique a réussi à transformer de façon étonnante le génome de ces plantes. Donnez-moi la formule qui se cache derrière cette technologie et je vais aller faire pousser des tomates dans un sol infertile comme celui du Sahara ! »

« Je vois que cette technologie existe, j'en ai la preuve sous les yeux, mais je ne la comprends pas et je n'ai pas les moyens financiers pour me consacrer à des recherches qui

Les échantillons d'herbe prélevés par l'équipe du Réseau Ovni-Alerte qui allaient être analysés en laboratoire.

me permettraient d'en trouver le procédé. Il y a quelque chose d'absurde dans tout cela.»

Voici ce qui se serait passé. Le 20 novembre 1989, vers les 5 h 30 du matin, le plus important témoin, un certain monsieur Noiseux, fut réveillé en sursaut par une intense lumière qui illuminait toute sa chambre à coucher comme en plein jour. En jetant un œil à l'extérieur, il put apercevoir quatre rectangles lumineux comparables aux phares d'un véhicule

 L'étrange phénomène lumineux semblait avoir laissé une trace circulaire au sol.

tout-terrain qui survolaient la demeure de son voisin d'en face, située à environ 300 m[6]. Fait étrange, les lumières s'éteignaient puis s'allumaient de nouveau, tout aussi flamboyantes. Plus encore, chaque fois que les lumières se rallumaient, l'homme percevait également un son vibratoire très intense, similaire à celui d'une génératrice, «d'un moteur qui force», dira plus tard Noiseux. Il remarqua aussi que la luminosité des lampadaires de rue s'affaiblissait chaque fois que l'ovni redevenait lumineux. «Comme si la chose siphonnait l'électricité des environs», soulignera Noiseux. Soudain, l'ovni s'éteint une dernière fois pour ne plus réapparaître. La Gendarmerie royale du Canada (GRC) fut dépêchée sur place tant elle avait reçu de plaintes de témoins. L'étrange phénomène lumineux semblait avoir laissé une trace circulaire au sol.

Une photo prise par un autre témoin, Daniel Galarneau, en démontrait bien l'emplacement. Après avoir appris qu'il y avait des preuves matérielles, Ovni-Alerte se rendit sur place le 27 janvier 1990 pour recueillir des échantillons du sol et les faire analyser. Les chutes et les fontes de neige successives en cette période de l'année n'avaient pas réussi à masquer complètement la trace au sol. Le résultat fut déroutant! Le pourcentage de chlorophylle contenu dans l'échantillon pris à l'intérieur de la trace était 10 fois supérieur à celui d'un échantillon recueilli à 10 m à l'extérieur de cette zone. Et cela, deux mois après le passage du présumé ovni. Et ce n'est pas tout! Le taux d'azote

Cette photo, prise par le témoin Daniel Galarneau derrière chez lui, révèle clairement la trace circulaire révélatrice du passage de l'ovni.

Cette photo fut prise par François C. Bourbeau en juillet 1990, au troisième passage de l'équipe d'Ovni-Alerte sur le site, huit mois après la date où le phénomène s'était produit. On discerne encore très bien la fameuse trace circulaire où a poussé entre-temps une végétation plus abondante et plus dense qu'ailleurs.

(responsable de la fertilité d'un sol) de l'échantillon intérieur était de 300 % supérieur à celui de l'échantillon extérieur. Le propriétaire du terrain confirma à Ovni-Alerte que le sol n'avait pas été fertilisé par un engrais ou du fumier à cette époque de l'année. D'ailleurs, l'homme ajouta qu'il ne fertilisait jamais ce coin de terrain vacant.

«Six mois plus tard, en juillet 1990, rajoute François C. Bourbeau, nous retournions sur le terrain pour prendre de nouveaux échantillons. On fut très surpris de constater à quel point la végétation était demeurée beaucoup plus luxuriante qu'ailleurs. L'analyse fut plus déroutante encore. Le taux de chlorophylle était demeuré supérieur de 200 % au taux du reste du sol environnant. Une année plus

tard, on remarquait que la trace circulaire était encore apparente sur le sol. Un groupe d'Agriculture Canada s'est même rendu sur les lieux avec nous afin de constater la chose *de visu*. Des chimistes, des botanistes et des spécialistes de la physique des sols se sont ainsi penchés sur ce phénomène. En fin de parcours, tous se sont entendus pour conclure que la source d'énergie responsable de la formation de ce cercle mystérieux représentait une avancée scientifique exceptionnelle. Mais encore nous aurait-il fallu nous retrouver en présence de l'engin générateur de cette énergie pour en comprendre la totale composante. Et ce ne fut malheureusement pas le cas. Mille questions sont ainsi demeurées sans réponses. »

Que faire en présence d'un ovni

- Demandez-vous d'abord si vous ne faites pas tout simplement l'observation d'une planète, d'une étoile, d'une comète ou d'un satellite.
- Êtes-vous en présence d'un objet qui produit sa propre lumière ou qui la reflète, comme une planète ou la carlingue d'un avion peuvent le faire? Il faut comprendre qu'un ovni peut être comme une mini-centrale nucléaire et produire une intense quantité de lumière dans un faible volume.
- L'ovni interagit-il avec l'environnement? Bouge-t-il de façon inhabituelle ou à une vitesse étonnante?
- Est-ce que les lumières clignotent de façon intelligente si vous communiquez avec l'ovni par des signaux avec les phares de votre voiture, par exemple?
- Ne faites des photos que si vous êtes bien équipé et que vous savez que la photo prise sera bien calibrée, en haute résolution, au foyer et de qualité optimale. Sinon, profitez du peu de temps possiblement disponible pour observer l'ovni afin de pouvoir ensuite le décrire le mieux possible.
- Si vous tentez de prendre une photo, prenez soin d'intégrer un objet terrestre reconnaissable dans le cadre, que ce soit des montagnes, un bâtiment, un poteau téléphonique, un arbre, un véhicule arrêté, etc. Cela permettra ultérieurement de mesurer les dimensions de l'ovni.
- Vérifiez si l'environnement réagit à la présence de l'ovni. Les branches des arbres bougent-elles? Le sol vibre-t-il? Le foin du champ s'est-il aplati? Sentez-vous des vibrations même s'il n'y a pas de son? La trotteuse de votre montre a-t-elle cessé de bouger? La radio grésille-t-elle ou s'est-elle éteinte? Le système électrique de la voiture a-t-il cessé de fonctionner?

- Ressentez-vous des sensations physiques ? Le sentiment d'être repoussé par la présence de l'ovni, la chair de poule, de l'électricité qui vous traverse, une paralysie, des engourdissements, de la nausée, les yeux qui piquent ou qui chauffent, une vision floue soudaine, de la difficulté à penser...

- Si l'ovni est très près, avez-vous le sentiment d'être attiré par l'engin malgré vous ? Avez-vous l'impression d'avoir perdu la mémoire un certain temps ?

- Après une observation, faites immédiatement un dessin en couleurs avec le plus de précision possible. Inscrivez à la minute près, l'heure, le lieu et la date de l'observation. Indiquez le nord géographique, puis signez votre esquisse. Rédigez et signez une description complète des faits observés. Si vous êtes plusieurs témoins, faites la même chose chacun de votre côté afin de comparer les dessins ensuite seulement. Cela pourrait démontrer l'existence d'un corridor spatiotemporel qu'aurait pu produire l'ovni. Selon la position des témoins, en angle ou face à ce corridor, l'ovni dessiné pourrait être de forme et de taille différentes. Ces différents dessins pourraient aussi servir à déterminer la largeur de ce corridor, hypothèse de travail sur laquelle planche actuellement François C. Bourbeau. Pour vérifier cette hypothèse, seules des esquisses, photos ou vidéos de qualité, produites par des témoins privilégiés d'une manifestation d'ovni, pourront permettre la poursuite de cette étude.

L'OVNI RÉPOND À LEUR SIGNAL

Lieu : Sainte-Majorique-de-Grantham,
dans le Centre-du-Québec
Témoins : un groupe de 16 personnes
Types d'observation : lumière nocturne (LN), radar optique
(RO ; très rare) et communication avec l'ovni
Date : 27 juillet 1992

Il était 21 h 18 quand François C. Bourbeau reçut un appel d'un ami, un avocat très connu de Drummondville. Fébrile, ce dernier l'invitait à le rejoindre rapidement sur le site d'un centre d'équitation de la région où lui et 15 autres personnes étaient en train d'observer « une boule lumineuse mystérieuse[7] ». Bourbeau sauta dans sa voiture et se rendit sur place en vitesse avec sa caméra vidéo. Il nous raconte la suite.

« Je suis arrivé sur les lieux à 21 h 30. Parmi les gens qui m'accueillirent, il y avait même un policier municipal. L'ovni n'était plus apparent, mais j'ai décidé d'installer quand même mon matériel au cas où il se manifesterait de nouveau. Chacun y allait de sa description et j'espérais sincèrement que ce n'était pas une méprise du genre de phares d'avion ou de la grosse étoile Capella du Cocher, bien visible à cette époque-là et exactement dans la direction où était apparu l'ovni observé par le groupe. On a attendu impatiemment jusqu'à 22 h 11. Des cris de surprise et de peur m'ont alors fait comprendre que la chose venait de se pointer à nouveau. Une énorme boule lumineuse surgit soudain sans bruit au-dessus de la forêt – ou plutôt de ce "sanctuaire", secteur protégé où il y avait beaucoup de chevreuils. Ce n'était pas un avion, ce n'était pas une étoile. Là, j'en étais certain.

Je ne savais pas ce que c'était, mais c'était spectaculaire. Je demandai à tous de se taire afin d'écouter tout bruit ou tout son identifiable. On aurait pu entendre nos cœurs battre ! La sphère se tenait sans bouger au-dessus de la cime des arbres, à moins d'un kilomètre de nous. J'ai eu soudain l'idée d'entrer en interaction avec l'objet afin de voir s'il réagirait. J'ai allumé les phares de ma voiture déjà orientée dans la direction de l'ovni. Je décidai de lui envoyer le message en morse "AFFA[8]". Le choix du signal en soi n'avait probablement pas d'importance.

Je voulais surtout susciter une réaction de la part de ce que nous avions devant nous. Quelle surprise ce fut ! L'ovni

 « Nous venions de communiquer avec l'ovni devant nous. »

produisit une séquence lumineuse plus intense, en plusieurs flashs courts, et changea ensuite de position dans le ciel. Nous n'avions plus de doute. Nous venions de communiquer avec l'ovni devant nous. Sa réaction lumineuse donna alors à penser qu'une certaine intelligence inspirait ses mouvements en réponse à mes appels de phares!

« Elle est là, elle est encore là, François, là là, plus à gauche. »

C'était extraordinaire! L'observation a duré deux bonnes minutes puis l'ovni s'est éteint, comme s'il s'était dissous dans le noir. Lorsque je regarde cette vidéo aujourd'hui, je suis toujours aussi ému que cette nuit-là. Le 27 juillet 1992, j'ai eu une interaction avec un objet volant non identifié. Je ne l'oublierai jamais! »

Mais cette aventure nocturne n'était vraiment pas terminée. François et les 15 autres témoins allaient vivre bien plus extraordinaire encore.

Jamais deux sans trois

À 22h41, la chose allait de nouveau faire des siennes et réapparaître pour une troisième fois dans la même soirée.[9] À cette heure-là, les gens se sont écriés une nouvelle fois: « Elle est là, elle est encore là, François, là là, plus à gauche. Maudit qu'elle est brillante! C'est incroyable! »

François savait qu'il ne pouvait pas laisser passer cette troisième apparition sans tenter de tout faire pour confirmer hors de tout doute raisonnable que c'était bien un ovni. Il pensa à appeler la tour de contrôle de l'aéroport de Mirabel pour vérifier si la chose était visible sur leur radar. Il eut la chance de tomber sur une contrôleuse aérienne prénommée Louise, qu'il connaissait bien et à qui il n'avait pas à expliquer ni à justifier les raisons de son appel. « Je lui ai demandé de vérifier sur-le-champ si elle pouvait voir

sur son radar la présence ou non d'un objet non identifié dans le secteur où j'étais. Comme elle avait activé le haut-parleur de son téléphone, je pouvais entendre en direct la réaction de ses compagnons de travail. L'un d'eux s'est alors écrié à son tour : "Ben oui, là, ça tourne." La contrôleuse m'a demandé de reconfirmer la position de l'ovni dans le ciel. C'était bien au même endroit.

À part cela, ils n'observaient que la présence d'un Boeing 727 à 12 000 pieds [3 700 m] d'altitude, en descente en direction d'Halifax. Rien d'autre de connu ne volait dans ce secteur. J'insistai même auprès d'elle pour qu'elle demande au pilote du Boeing s'il pouvait voir quelque chose de lumineux sous son aile droite. Celui-ci répondit par la négative et répéta qu'il ne voyait rien – rien, ni avion... ni ovni ! Puis, soudain, les gens qui m'entouraient lancèrent : « La chose est partie ! » Exactement au même moment, le contrôleur aérien aux côtés de Louise confirmait que l'ovni venait tout à coup de disparaître sur leur écran radar. Au même instant ! C'était extraordinaire ! Seul le Boeing demeurait visible. Rien d'autre. Nous venions d'avoir une preuve tangible de dématérialisation d'ovni. Le radar de la tour de contrôle de Mirabel avait bien détecté cet ovni, tout comme il avait détecté sa subite disparition. Nous possédions ainsi la certitude que nous avions observé un objet volant non identifié physiquement bien réel. Cet événement était tellement important. Il ne s'agissait plus d'un simple cas de lumière nocturne (LN) mais plutôt d'une très rarissime observation de type radar optique (RO). Cela confirmait que nous n'avions pas rêvé, que nous nous étions bel et bien trouvés en présence d'un objet aérien constitué d'un matériau solide, puisqu'il réfléchissait les ondes électromagnétiques émises par le radar. C'était incroyable ! Ce fut inoubliable et capital dans mes recherches ufologiques et cela demeure un cas bien particulier des archives d'Ovni-Alerte. »

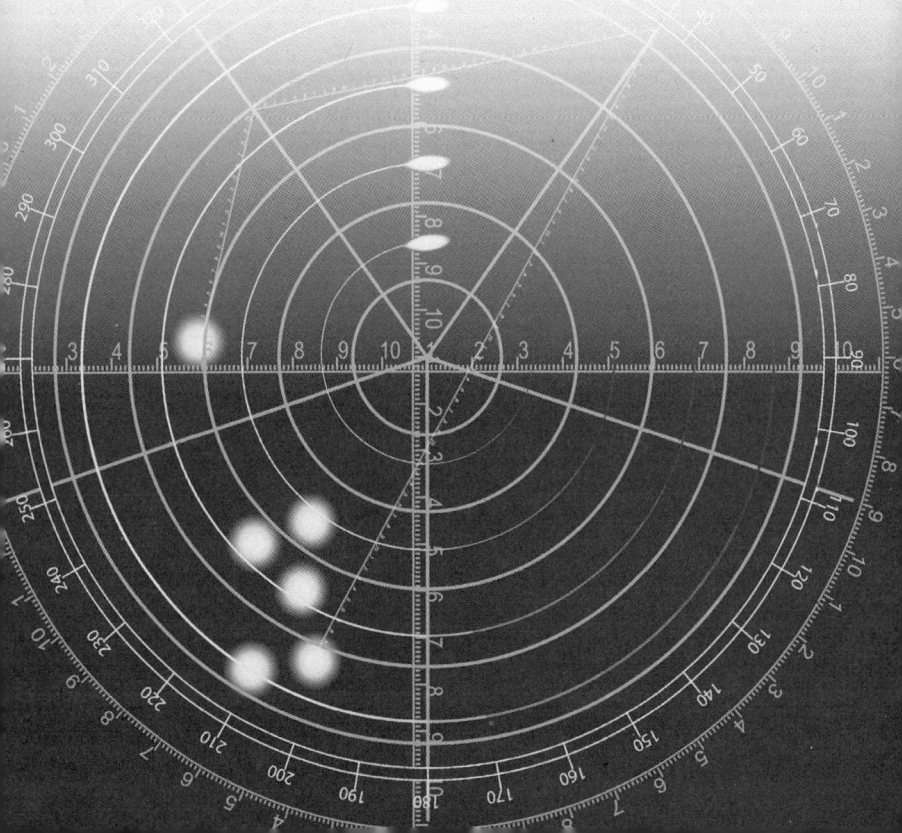

LES MYSTÉRIEUX CLICHÉS DE MANSONVILLE

Lieu : Mansonville, dans les Cantons-de-l'Est
Témoins : Renato Messina, Éric Devar et Mathieu Lapierre
Type d'observation : lumière nocturne (LN)
Date : dans la nuit du 1er au 2 février 1992

En 1992, l'expérience vécue par trois copains, Renato Messina, Éric Devar et Mathieu Lapierre, a soulevé une certaine controverse dans le monde ufologique au sujet de son interprétation. Bien que certaines personnes sceptiques[10] aient dit détenir des indices permettant d'avancer que l'immense objet lumineux photographié par les trois astronomes amateurs pouvait être une fusée éclairante des Forces armées canadiennes, aucun des documents officiels supposément existants n'a encore été dévoilé à ce jour afin de démontrer hors de tout doute que c'était bien ce dont il s'agissait. C'est pourquoi nous avons décidé d'intégrer ce cas à ce livre.

La nuit était glaciale. Il était près de 23 h quand les jeunes astronomes décidèrent finalement de s'arrêter pour faire des photos du ciel étoilé. Le trio installa son équipement

◀ *Sphère lumineuse photographiée par Renato Messina ©. La résolution de cette photo-ci a été augmentée à 9 000 PPC pour mieux discerner l'objet. La résolution originale était de 360 PPC. Exposition de 4 secondes, 1600 ASA, lentille de 50 mm sur trépied. (Voir autres photos p. 44-45.)*

sur la petite route de campagne de Leadville, non loin du mont Bear à l'ouest du lac Memphrémagog[11]. Le site était parfait et ne souffrait pas de la pollution lumineuse des zones densément habitées. Éric fut le premier à remarquer l'apparition de cette impressionnante sphère lumineuse qui allait bouleverser leur nuit. Il était 1 h 30. Équipé d'un appareil photographique, Renato Messina capta rapidement la scène sur pellicule. Il eut même l'occasion de faire une photo supplémentaire avant que l'objet étrange ne disparaisse. Mais leur folle nuit ne venait que de commencer. L'ovni réapparut à six reprises, et Messina put l'immortaliser quatre fois avec son appareil. Ces photos reproduisent très bien ce que les jeunes hommes ont observé par cette nuit glaciale.

 Durant sa présence, la masse lumineuse avait éclairé le sol sur un diamètre de plus de 2 km.

Enquête obligé

Stupéfaits par leur aventure nocturne, Renato, Éric et Mathieu retournèrent sur place le lendemain afin de tenter de trouver une explication réaliste à leur observation. Lorsqu'ils parvinrent au site de la manifestation de leur ovni, ils ne purent y faire un seul pas, puisqu'ils y furent accueillis par un gardien qui les avertit que ce domaine était privé. S'ils avaient songé que ce pouvait être des fusées éclairantes lancées par les Forces armées canadiennes pour un exercice quelconque, cela venait d'étouffer leurs doutes. Le terrain n'appartenait pas à l'armée.

Ne trouvant pas réponses à leurs questions, ils décidèrent de contacter le Réseau Ovni-Alerte afin de lui faire part de cette étrange observation. Trouvant le cas intéressant, François C. Bourbeau décida d'enquêter plus en profondeur. Il contacta d'abord le Bureau des Affaires publiques des Forces armées canadiennes qui lui confirma qu'aucune manœuvre militaire n'avait été effectuée cette nuit-là. Il se rendit ensuite sur place et demanda à certaines personnes, dont le gardien du domaine Bull, s'ils avaient entendu parler d'exercices militaires sur le terrain. L'homme lui affirma n'avoir rien entendu et l'assura que l'armée ne venait pas dans ce secteur pour y faire des exercices.

Mais alors, qu'était-ce donc ?

Une analyse spectrographique des photographies de Renato Messina commandée par Ovni-Alerte révéla que la luminosité de ladite sphère équivalait à une puissance de 2,9 mégawatts, comparable notamment à la force des moteurs de 17 véhicules Ford Mustang, ou à la puissance de 725 000 ampoules de 100 watts[12] allumées simultanément, ou encore à celle de 2 400 séchoirs à cheveux. De plus, durant sa présence, la masse lumineuse avait éclairé le sol sur un diamètre de plus de 2 km.

 Si on a fait un exercice militaire, pourquoi a-t-on deux versions si contradictoires de cette hypothèse ?

Par ailleurs, certains sceptiques ont prétendu que les Forces armées leur avaient confirmé la tenue d'activités militaires dans ce secteur cette nuit-là. Si cela est vrai, pourquoi n'a-t-on pas déclaré la même chose à des personnes différentes ? Et s'il s'agissait de fusées éclairantes, pourquoi ne voit-on pas sur la photo le parachute qui supporte habituellement de telles fusées dans leur descente ? Pourquoi ne voit-on pas non plus la fumée habituellement émise par une fusée éclairante ? Si on a fait un exercice militaire, pourquoi a-t-on deux versions si contradictoires de cette hypothèse ? L'armée avertit habituellement la population avant d'effectuer des exercices, à moins que ce soit un cas de sauvetage. On aurait certainement entendu parler aux nouvelles du fait que quelqu'un s'était perdu dans le secteur si cela avait été le cas...

Le cas Mansonville suscite encore aujourd'hui beaucoup de controverse dans le milieu. Les sceptiques y voient là une affaire classée. C'était des *flares* utilisés par l'armée, un point c'est tout ! Mais aucun document officiel, aucune photo de comparaison n'est venu corroborer cette assertion. Le doute plane donc encore. Était-ce un objet volant non identifié produisant une lumière d'une exceptionnelle intensité ou était-ce une fusée éclairante lancée par l'armée ?

L'idéal, selon les témoins et le Réseau Ovni-Alerte, serait de faire le test, une fois pour toutes. De lancer, au même endroit et dans les mêmes conditions, une fusée éclairante militaire

Sur le premier cliché pris par Renato Messina©, la sphère lumineuse éclaire parfaitement un grand bâtiment blanc d'une longueur de 80 m, érigé sur le terrain privé du domaine Bull. Le point blanc situé au centre sur la photo est un radiotélescope désaffecté d'un diamètre de 19 m.

afin de comparer, dans une analyse spectrographique exhaustive, les photos prises dans la nuit du 1er février 1992 et celles prises dans ce nouveau contexte. Les trois témoins mettent au défi quiconque pourra refaire une photo dans des conditions semblables aux originales pour qu'on puisse enfin effectuer cette analyse comparative afin d'en avoir le cœur net. À ce moment-là, peut-être aurons-nous enfin des réponses définitives au sujet de la véritable nature de la source ponctuelle aperçue ce soir-là, qui produisit une si grande quantité d'énergie dans un aussi faible volume.

Sur cette deuxième photo prise quelques minutes plus tard, on peut percevoir clairement le mouvement ASCENDANT de l'objet lumineux. En effet, à l'inverse d'une fusée éclairante qui descend en chute libre, cette sphère lumineuse montait plutôt (exposition de 30 secondes, 1 600 ASA, lentille de 50 mm sur trépied).

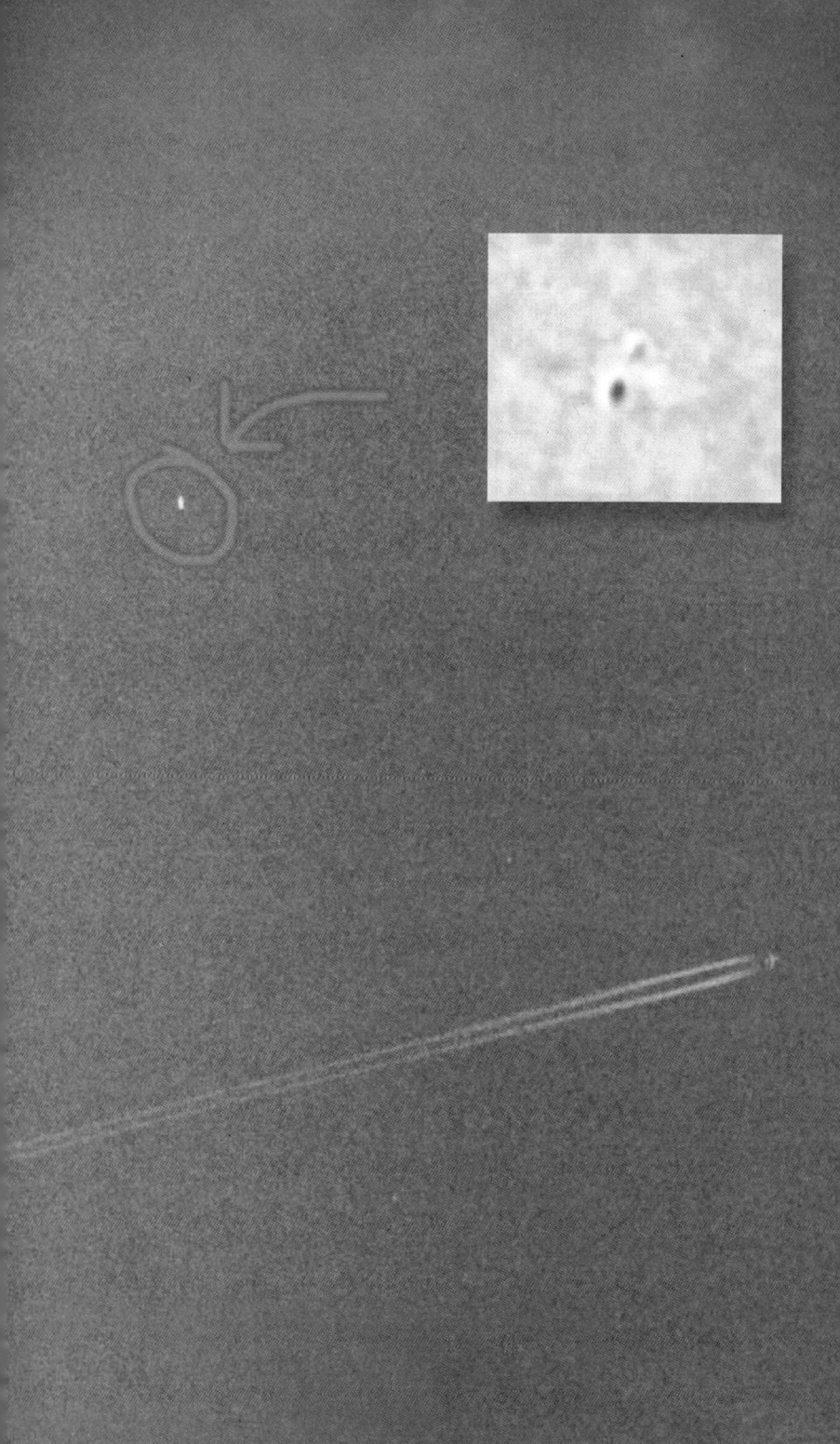

COMME DES MÉDUSES AÉRIENNES

Lieu : Ville Saint-Laurent, dans l'île de Montréal
Témoins : un témoin anonyme, François C. Bourbeau et sa conjointe
Type d'observation : rencontre éloignée du premier type (REI)
Date : 25 août 2001

François C. Bourbeau évoque un cas plus récent d'enquête pour le moins intrigant survenu à Ville Saint-Laurent. Un témoin d'ovnis avait appelé les Forces armées canadiennes, qui lui ont plutôt conseillé d'appeler le Réseau Ovni-Alerte. Comme elle demeurait à bonne distance du lieu d'observation, Sonia Paquin, la technicienne-enquêteuse qui a répondu à l'appel, demanda plutôt à François de se rendre lui-même chez le témoin. François allait vite y constater la présence dans le ciel non pas de un, mais de nombreux ovnis. Le témoin demeurait près de l'aéroport de Dorval et des hangars de la compagnie Canadair. François C. Bourbeau nous relate la suite.

◂ *Ce jour-là, de nombreux ovnis ont été observés dans le ciel de Ville Saint-Laurent, près de l'aéroport. Sur la photo principale, on peut voir, en bas, le passage d'un avion et, plus haut, un des nombreux objets étranges aperçus alors dans le ciel. La photo en médaillon présente un très gros plan de l'un de ces ovnis qui, en plus de sembler avoir la texture d'une méduse, est d'une couleur jaune pâle plutôt étonnante (sur la photo couleur originale). Le traitement numérique de cette photo a été réalisé par François C. Bourbeau.*

« C'était en plein jour, le ciel était d'un bleu intense. Du balcon du sixième étage du témoin, on pouvait voir les atterrissages sur la piste 0624 gauche de l'aéroport. Mais, ce qui attira bien plus notre attention, c'était des formes bizarres qui ressemblaient à d'énormes méduses globuleuses, blanchâtres, et qui bougeaient dans le ciel comme si c'était vivant ou organique.

Ça devait avoir entre 20 et 30 m de longueur. Il y en avait une soixantaine, certain ! C'était gigantesque ! On avait même peur qu'un avion entre en collision avec ces objets mystérieux. Ça ressemblait à un grand ballet aérien de méduses gélatineuses. On aurait dit qu'elles savaient qu'elles se retrouvaient parfois dans l'axe d'atterrissage des avions ; elles se dématérialisaient alors pour les éviter et, quand l'avion était passé, elles se rematérialisaient à nouveau. Notre observation a duré presque deux heures. Je n'avais jamais rien vu de pareil ! C'était juste un peu avant

« C'était des formes bizarres qui ressemblaient à d'énormes méduses globuleuses, blanchâtres, et qui bougeaient dans le ciel comme si c'était vivant ou organique. »

l'effondrement des tours jumelles du World Trade Center. Par la suite, j'ai même pensé que ça avait peut-être été un avertissement. Qu'on avait voulu nous dire que certains aéroports étaient en danger, qu'on devait les surveiller car il allait s'y passer quelque chose. Est-ce que ce ballet d'ovnis voulait nous avertir d'un danger imminent ? »

Le coin du sceptique

Les fusées éclairantes, réellement en cause ?

Les fusées éclairantes peuvent confondre des gens qui les observeraient dans la nuit sans savoir ce que c'est. Le lieutenant-colonel Michel Brisebois, de la Force aérienne du Canada, nous explique l'usage des fusées éclairantes.

« Tout d'abord, il existe de petites fusées éclairantes de couleur rouge que même les civils peuvent déployer quand ils veulent signifier qu'ils sont en danger. Elles peuvent être lancées dans les airs quand des passagers d'un bateau de plaisance sont en difficulté, par exemple. Les fusées éclairantes utilisées par l'armée pour illuminer un secteur en pleine nuit sont beaucoup plus puissantes. Elles peuvent entre autres servir à éclairer des zones de recherche de sauvetage ou des zones de largage de matériel. Pour parler de la densité de la lumière de ces fusées éclairantes, on dit qu'une seule a la

Lancement d'une fusée éclairante. Cette photo et les deux suivantes (p. 50-51) ont été prises au cours d'un exercice militaire à Comox, en Colombie-Britannique.

force de 2 millions de chandelles [2×10^6 cd][13]. La fusée éclairante est composée d'un long cylindre de magnésium de 1,25 m de hauteur et de 10 cm de diamètre. Lorsqu'on largue cette fusée, un petit parachute s'ouvre automatiquement pour la soutenir, le temps de sa descente. Elle ne fait habituellement pas de bruit quand elle est lancée. Elle est projetée à approximativement 915 m au-dessus de l'eau ou 1 370 m au-dessus de la terre. Elle descend lentement sur environ 150 à 300 m avant de s'éteindre. Elle reste allumée et produit donc de la lumière durant environ cinq minutes. Elle ne se pose jamais en feu au sol, pour éviter tout incendie. La lumière qui est libérée de ces fusées est blanche, mais elle peut parfois paraître jaune ou quelque peu orangée selon la distance ou l'angle de vue d'où on l'observe.

Il peut arriver qu'il y ait des largages de fusées éclairantes dans des zones résidentielles si cela s'avère nécessaire, par exemple en cas d'urgence. Si on est à la recherche de gens perdus et que des vies sont en danger, on pourrait

La traînée de fumée que laisse derrière elle ce type de fusée éclairante est bien visible.

Comme le démontre cette photo, la fusée éclairante peut produire un effet lumineux éclatant.

alors ne pas prendre le temps d'aviser les résidants de ce secteur-là. Par contre, quand on effectue des manœuvres militaires dans une région donnée, on avertit habituellement les résidants. On calcule toujours la dérive possible de la fusée en fonction du vent afin d'éviter qu'elle ne tombe sur une maison, mais il se peut qu'on calcule sa chute à aussi près que 500 m d'une habitation.

Un autre appareil militaire pourrait également confondre des observateurs. À l'occasion, certains hélicoptères de l'armée font usage d'un projecteur lumineux très performant – d'une puissance de 10 millions de chandelles – situé à l'avant ou sur le côté de leur appareil. Le faisceau de cette "lumière chercheuse" peut cibler très précisément un objet ou s'élargir en un grand V lumineux qui, si l'on ne sait pas d'où cela provient, peut être inquiétant. Et comme ces hélicoptères peuvent voler en très basse altitude, cette lumière peut être très impressionnante quand on ne distingue pas ce que c'est vraiment!»

L'HISTOIRE DE FRANÇOIS C. BOURBEAU, EXPERT UFOLOGUE

*« Ce soir-là, j'ai su que j'avais trouvé...
Et que ce serait la quête de toute ma vie ! »*

Le fondateur du Réseau Ovni-Alerte a entretenu dès son plus jeune âge une passion pour le ciel. Les pages qui suivent relatent l'histoire de cet astronome amateur devenu l'un des plus importants ufologues actuels au Québec et au Canada.

Du haut de ses 11 ans bien mûrs, François lève un jour les yeux au ciel, ne sachant pas encore qu'il ne va presque plus jamais en détourner le regard. Il y a là-haut quelque chose qui l'attire, le fascine, le passionne. Lorsque son père lui offre sa première lunette astronomique et son premier cherche-étoiles, le garçon devient vite le plus grand des petits astronomes amateurs. La voûte céleste et ses planètes n'ont bientôt plus de secrets pour lui. Sans se tromper, il pointe du doigt les étoiles qu'il désigne déjà très bien par leur nom et leur position, et il connaît même tout des nuages qui se dessinent au-dessus de sa tête.

« Mon souvenir le plus lointain est certainement ce soir de mon enfance en mars 1970, où mon père nous dit : "Il paraît qu'on va pouvoir voir une comète passer dans le ciel ce soir." Il nous a expliqué qu'on serait même capable de la regarder facilement à l'œil nu dès que le soleil serait couché, car sa brillance serait comparable à celle des étoiles les plus lumineuses dans le ciel. Il a suscité mon intérêt. J'avais hâte de sortir dehors pour aller observer ce phénomène.

C'était la comète Bennett. Quelques années après, j'allais aussi observer le passage de la grande comète West, en 1976, qui serait vraiment spectaculaire. Mais le soir de la comète Bennett reste inoubliable pour moi. J'ai eu la piqûre! J'ai ressenti un sacré coup de foudre pour le ciel et ses secrets. Je me rappelle encore, on était tous dehors à observer la comète Bennett en famille. C'était magique. Je peux dire qu'une des choses que j'aimais de mon père, c'est qu'il nous emmenait aussi souvent que possible avec lui assister aux spectacles du ciel – les orages, entre autres. Même s'il était trois heures au milieu de la nuit, il nous réveillait et nous faisait sortir sur le balcon pour regarder le ciel, contempler la beauté des éclairs et ressentir la force du tonnerre. Un grand plaisir que j'ai partagé avec mon père! C'est certainement

« J'avais hâte de sortir dehors pour aller observer ce phénomène. »

aussi pourquoi je n'ai jamais eu peur des orages, car il nous les a fait apprivoiser et même les aimer en sa compagnie. Chaque fois, c'était toujours le plus beau des spectacles en direct. On comptait ensemble après un éclair : mille et un, mille et deux, mille et trois, et pataclaw !... le coup de tonnerre éclatait. Là, papa nous disait que le nœud de l'orage devait être à deux ou trois milles de nous. Il nous expliquait aussi comment observer le vent qui était en train de tourner, et tout ce qui était lié à ce phénomène-là. C'était fascinant ! Cet homme avait appris tout cela par lui-même et il nous transmettait son savoir avec beaucoup de passion. Avec mon père, j'ai vraiment appris à aimer avoir la tête dans les étoiles ! »

Son premier ovni

En 1972, le père de François lui offre donc cette fameuse première lunette astronomique qui va changer le regard déjà très allumé que le garçon jette sur le ciel. Il y verra enfin clairement ce qu'il souhaite tant y observer, c'est-à-dire les planètes, les étoiles, les galaxies, mais aussi ce à quoi il ne s'attend pas du tout : des ovnis !

« Le dimanche 14 juillet 1974, à 19 h 05, j'ai observé mon premier ovni ! »

« L'astronomie m'a fait prendre conscience de la complexité de l'Univers et de tout ce qui se passait au-dessus de ma tête. Comme mon anniversaire est le 13 janvier, j'avais toujours un plus gros cadeau que les autres à Noël, car ça comptait pour ma fête en même temps. Cette lunette était tout un cadeau, quand on sait que nous étions une famille de 11 enfants. Plus important encore, ce cadeau extraordinaire allait me servir à plus que ce à quoi il m'avait été destiné. Le dimanche 14 juillet 1974, à 19 h 05, j'allais ainsi observer mon premier ovni à travers cette lunette.

J'avais 12 ans. L'événement s'est passé au-dessus de la maison familiale, sur la route 143 à Saint-Nicéphore [village aujourd'hui intégré à Drummondville]. Mon neveu, Alain Fournier, qui a seulement un an de différence avec moi et qui est comme mon frère, m'a ce jour-là appelé en vitesse pour m'aviser de la présence dans le ciel d'un drôle d'objet lumineux. À dire vrai, il venait tout juste d'en entendre parler par l'animateur radio de CHRD 1480 MA qui, lui, soutenait plutôt la thèse d'un ballon-sonde météorologique flottant dans le ciel. Je suis donc sorti tout de suite pour observer ce qui n'était clairement pas un ballon-sonde mais bien un ovni survolant le secteur à moins de 2 000 m d'altitude en direction nord. Comme je faisais de l'astronomie depuis deux ans, j'étais certain que ça ne pouvait pas être une planète brillante non plus, car je savais très bien qu'il était impossible de voir une planète vers le nord.

De toute façon, l'objet dégageait une lumière d'une magnitude[14] de −7 ou −8. Quand on sait que la planète Vénus dans sa plus grande brillance peut atteindre −4 seulement, on avait de bonnes raisons de s'étonner de ce qui se profilait dans le ciel sous nos yeux. À dire vrai, ce n'était pas une lumière blanche ponctuelle mais plutôt une masse lumineuse multicolore adoptant une forme polygonale. Ça n'avait carrément pas de sens. Ça ne ressemblait en rien à ce que l'on pouvait habituellement voir dans le ciel!»

Même si l'ovni est bien visible à l'œil nu, François met tout de suite sa lunette en place pour l'observer en détail. Des voisins sortent dehors, se demandant ce qui peut bien fasciner l'adolescent qui scrute le ciel ainsi en plein jour. Quelques personnes viennent le rejoindre, et tout le monde dirige son regard dans la même direction. Tous ensemble, ils s'ébahissent à la vision du même truc là-haut, ce bizarre objet volant sur fond de ciel bleu sans nuage.

«Ça ne ressemblait en rien à ce que l'on pouvait habituellement voir dans le ciel!»

«Et ils me demandaient: "Mais qu'est-ce que c'est, François? Toi, tu connais ça le ciel." J'ai donc changé d'oculaire afin d'agrandir l'image dans ma lunette astronomique au maximum, pour y apercevoir le mieux possible cet objet en forme de polygone. Je n'avais toujours aucune idée de ce que cela pouvait être. C'était inexplicable. On a pu observer l'ovni durant une bonne quarantaine de minutes. La chose inconnue se déplaçait constamment vers le nord-ouest, tout en ayant l'air de combattre les vents. Puis, à un moment donné, sa luminosité s'est affaiblie de plus en plus et elle est disparue, comme si elle avait fondu brusquement.»

Preuves à l'appui

François va découvrir quelques jours plus tard que Jean Roy, un journaliste du journal de Drummondville, a eu plus de chance encore car il a réussi à capturer sur pellicule cet ovni à partir d'un autre endroit, au cœur de la ville.

«Même si certains en avaient conclu déjà que ça n'avait pu être qu'un ballon-sonde, je savais toujours, moi, que ce n'avait pas été le cas. Je l'avais bien observé. Tout d'abord,

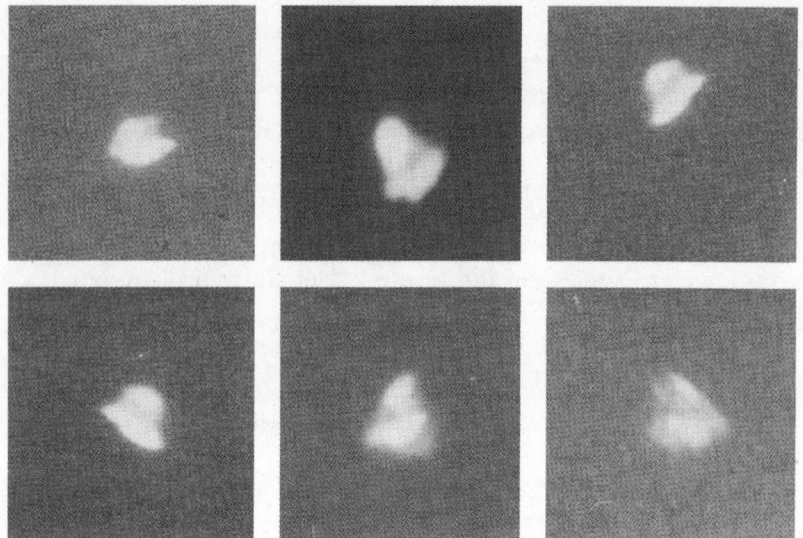

Le journaliste Jean Roy a pris ces clichés de l'ovni de Saint-Nicéphore.

cet objet n'avait pas la forme d'un ballon – il était plutôt de forme polygonale, donc rien à voir avec la forme ovale et allongée d'un ballon-sonde. Ensuite, j'avais bien constaté qu'aucun instrument émetteur n'y était attaché au bout d'une longue corde, comme c'est le cas habituellement. Enfin, ça ne suivait même pas les vents comme le fait un ballon-sonde, au contraire, ça les combattait. Et depuis quand un ballon-sonde émettait-il sa propre lumière, très brillante?»

C'est à ce moment que François sent naître en lui une nouvelle passion qui ne fera qu'aiguiser plus encore son intérêt pour l'astronomie. Cet objet qu'il n'a pu identifier dans le ciel fait jaillir en lui une foule de questions. Il sait bien que c'était ce dont on parle dans les nombreux livres qu'il a lus. C'était un ovni! Il a eu la chance de voir un ovni! Et les

 «Ça ne suivait même pas les vents comme le fait un ballon-sonde, au contraire, ça les combattait.»

« Le plus étonnant dans tout cela, c'est que quelques jours plus tard, mon oncle, alors policier à la Sûreté du Québec, est venu à la maison et nous a avoué qu'il avait eu l'ordre de Québec de dire dans les médias que l'objet aperçu était bel et bien un ballon-sonde. Rien d'autre. Pour calmer la population. C'est là que j'ai compris que le rôle des policiers, tout comme celui de l'armée, n'était pas d'enquêter sur les ovnis. »

réactions des gens autour de lui, leur émoi et leur curiosité, ne font qu'embraser en lui ce besoin d'en savoir plus, ce désir profond d'y chercher une explication, de comprendre et de revoir de tels phénomènes.

La quête de toute une vie

C'est ainsi que, assis à la table de cuisine avec son père et son oncle, encore ébloui par ce dont il a été témoin, François comprend vraiment l'ampleur de ce qu'il vient de vivre. Il sait maintenant que volent dans le ciel des objets non identifiés dont les gouvernements et même l'armée doivent étouffer l'existence. Ce doit être bien important pour qu'ils agissent ainsi. Et un soir inoubliable de 1977, il va acquérir une certitude, une conviction profonde qui l'ébranlera jusqu'au fond des tripes.

« L'auteur Jimmy Guieu a changé ma vie. C'était un pionnier de l'ufologie en France, une figure marquante dans ce domaine à l'époque, et j'ai eu la chance unique d'apprendre qu'il venait donner une conférence à Drummondville. Mais je n'avais que 15 ans et pas un sou en poche. Sachant à quel point je rêvais d'assister à cette présentation, ma sœur Chantal a eu la gentillesse de nous acheter à tous deux des billets. Même si je n'en avais pas le droit, j'ai dissimulé un magnétophone sur moi avec lequel j'enregistrai la conférence entière. Je l'ai écoutée tant de fois par la suite que je la connaissais par cœur. Guieu a été à l'origine de ma quête sur les ovnis. Ce fut une révélation ! Tout à coup, dans le petit cœur de François, une voix intérieure a dit :

François C. Bourbeau en compagnie de l'ufologue et auteur Jimmy Guieu (à gauche).

c'est toi qui vas trouver les solutions à ce foutu problème et tu vas devenir un jour le plus grand ufologue de la planète! Ma sœur me regardait avec un sourire plein de tendresse et voyait bien ce qui était en train de se passer. Elle comprenait sans que j'aie dit quoi que ce soit que je venais de trouver le sens que je voulais donner à ma vie. Elle a d'ailleurs toujours été la seule de la famille à croire en mes recherches sur les ovnis. Pour elle, j'ai été et suis encore son petit frère. Elle m'a toujours encouragé.»

En écoutant à répétition sa cassette de Jimmy Guieu, François en vient à connaître par cœur chacun des sites des différentes manifestations d'ovnis dans le monde, ainsi que les dates et faits importants liés à l'ufologie de l'époque. Il devient une véritable éponge, captant tout ce qui concerne les ovnis, enregistrant des conférences, des émissions de télé ou de radio, les écoutant avec toujours autant de ferveur au point d'en mémoriser chaque mot, chaque ligne. «C'est

 «Une voix intérieure a dit: c'est toi qui vas trouver les solutions à ce foutu problème et tu vas devenir un jour le plus grand ufologue de la planète!»

bien simple, je venais de tomber dans la potion magique. J'étais insatiable. Je n'en avais jamais assez, je voulais tout savoir, tout voir, tout archiver, me procurer livres, documents, objets... Je faisais le tri des choses plausibles ou non, je voulais acquérir les connaissances scientifiques pour en parler avec assurance.»

L'astronome amateur n'a que 15 ans et a déjà une volonté d'enfer. Tout se met en œuvre dans sa tête à une vitesse de Mach 5.

En 1977, il fait une demande pour devenir membre d'UFO-Québec, espérant y suivre une formation d'enquêteur en ufologie. Mais UFO-Québec refuse sa candidature, prétextant que le groupe n'accepte plus de nouveaux membres. Le garçon ne baisse pas les bras et se tourne vers un autre organisme qui a pignon sur rue à Grenoble, en France, mais qui aspire à s'implanter au Canada. Ouranos, qui veut dire «ciel» en grec, se décrivait comme une commission d'enquête sur les ovnis et les phénomènes paranormaux. Ainsi, grâce à l'appui indéfectible de sa sœur qui lui avance les 30 $ de coûts d'adhésion annuels réclamés, François adhère à ce groupe qui lui poste un petit *Manuel de l'enquêteur*. L'adolescent dévore avec impatience et intérêt ce document. Il acquiert ainsi des notions techniques supplémentaires, il apprend comment poser les questions aux témoins, se protéger dans un lieu où il peut y avoir de la radioactivité, mesurer les dimensions d'un ovni avec une formule mathématique précise. Plus tard, ce fascicule d'enquêteur deviendra un tout autre document, soit une brique de plus de 200 pages, beaucoup plus pratique, que produira François lui-même. Il lui servira à donner sa propre formation à des techniciens-enquêteurs québécois, à partir de 1996. Aujourd'hui, ils sont d'ailleurs près d'une trentaine de spécialistes du genre à avoir suivi la formation qu'offre François et à graviter autour de lui, dans différentes parties du Québec.

«J'étais tellement fier. J'avais 15 ans et ma propre carte officielle d'enquêteur Ouranos, avec ma photo. J'avais une carte de membre à moi! Par contre, Ouranos croyait qu'en me délivrant cette carte de presse j'allais pouvoir entrer n'importe où, avoir accès aux rapports de police, pouvoir prendre contact avec les tours de contrôle des aéroports,

etc. C'est ainsi que ça se passait en France. Mais oups! ici, ce n'était pas comme ça que les choses fonctionnaient! On avait beaucoup plus de difficulté à recueillir des données et des informations.»

Pire encore, François découvre qu'il ne peut conserver aucun document des enquêtes effectuées au Québec, car il doit tout envoyer à la maison mère, en France. Plutôt réfractaire à ce procédé, il se retire finalement d'Ouranos pour créer son propre organisme d'enquête au Québec. À 17 ans, le jeune homme fonde la Centrale de compilation ufologique du Québec (CCUQ) qui voit officiellement le jour en avril 1979.

 «Dans ces années-là, on parlait beaucoup d'ovnis.»

«Ça bougeait dans ce temps-là. Dès qu'on avait un appel d'observation d'un ovni, on sautait dans nos voitures pour se rendre sur place. Parfois, on pouvait être deux ou trois autos à se suivre. On rencontrait les témoins, on compilait tout, on étudiait chaque dossier avec minutie. On était de jeunes ufologues enthousiastes et hyper motivés ! En plus, dans ces années-là, il y avait beaucoup de témoignages et on parlait beaucoup d'ovnis. J'étais invité régulièrement à la radio et à la télé. Ça suscitait l'intérêt chez les gens, qui étaient ainsi plus attentifs aux manifestations dans le ciel. »

Succès télé

Alors qu'il n'a encore que 17 ans, François exerce déjà un métier qui le passionnera toute sa vie. On lui propose une émission de deux heures à la radio à titre d'invité expert en ufologie. L'émission connaît un tel succès qu'on lui propose un poste de *morning man* les fins de semaine dans une autre radio drummondvilloise où il demeurera jusqu'en 1985. Parallèlement, il produit et anime sur Câblestrie Drummondville, devenu par la suite Cogeco Câble, une série télévisée de 13 émissions de 60 minutes intitulée *Sommes-nous vraiment seuls ?* Il reçoit entre-temps le trophée Méritas de l'Association des groupes d'astronomes amateurs du Québec (AGAA) en 1987.

De 1985 à 1990, il conçoit une série télé sur la science et l'insolite (*Fusion*, devenue ensuite *Fusion Nouvelle Génération*). Sa réputation dans le domaine le précède ; il est apprécié du public. Les gens le reconnaissent dans la rue et le saluent amicalement. Conscient du grand intérêt des téléspectateurs pour le paranormal et les ovnis, il s'investit à fond dans une nouvelle série qui fera de lui une vedette partout au Québec. Diffusée de 1994 à 1997 sur le réseau Cogeco et sur d'autres réseaux privés, *Alter Ego Spiritus* est devenue instantanément l'émission la plus largement diffusée sur l'ensemble des télévisions communautaires du Québec, en Ontario et dans les Maritimes. François y aura reçu plus de 5 000 invités et diffusé des vidéos et des photos uniques qui ont cloué les téléspectateurs à leur fauteuil. Conscient de l'impact magistral de cette émission, Bourbeau lance également les publications *Fusion* (1990) et *Alter Ego* (1994).

La naissance du Réseau Ovni-Alerte

François C. Bourbeau continue aussi toujours de tenir les rênes de la CCUQ qui, en 1985, devient le Réseau Ovni-Alerte. Devenant la référence incontestée en matière d'ufologie au Québec, François représente le Canada à différents colloques et congrès, donnant des conférences appréciées de tous. Il publie quatre livres dont deux sur le monde des ovnis. *Les médias cachent la réalité OVNI au public*, publié aux Éditions du Collège invisible (maison d'édition fondée par François) en 1996, connaît un aussi grand succès en librairie que *Contact 158*, l'histoire du plus important cas d'enlèvement au Québec (plus de détails sur ce cas en p. 68), publié en 1984.

Dans les années qui suivent la fin de son émission *Alter Ego Spiritus*, Bourbeau continue de graviter dans les milieux télévisuels et radiophoniques, prenant part régulièrement à différentes tribunes sur le sujet des ovnis et participant à une demi-douzaine de congrès dans le monde. Les plus importants sont sans contredit ceux de Lyon en 1989 et en 1990, où il a la chance de rencontrer son mentor, Jacques Vallée (voir encadré, p. 66-67). Bien qu'il lui soit difficile certaines années de continuer à mener la barque d'Ovni-Alerte sans moyens financiers, François persévère toujours avec grande rigueur à vouloir démontrer l'importance de porter attention à ces phénomènes inexpliqués.

Y croire ou pas

Au cours de ses 35 années de recherche et de compilation de données dont le cas de Saint-Nicéphore en 1974 a été l'élément déclencheur, François a observé plusieurs phénomènes uniques et a rencontré des témoins aux histoires étonnantes.

La deuxième observation d'ovni qu'il ait vécu s'est produite dans le stationnement d'une école au centre-ville de Drummondville, dans la nuit du 1er avril 1979 à 23 h 40[15]. Alors qu'il observe le ciel avec plusieurs instruments optiques de précision en compagnie d'autres membres du Club d'astronomie Drummondville inc. (CADI), deux objets volants orangés en forme de boomerangs traversent le ciel l'un derrière l'autre du nord-ouest au sud-est à une vitesse indescriptible.

Personne n'a le temps de mettre l'œil à son télescope, tout se déroule en un éclair. « Il était évident qu'aucun objet volant terrestre connu n'aurait pu se permettre une telle performance sans se désintégrer sur-le-champ ! Ces ovnis avaient traversé le ciel en trois ou quatre secondes en décrivant un arc de 170°. Ces étranges engins pouvaient difficilement appartenir à notre technologie, car ils faisaient

« Deux objets volants orangés en forme de boomerangs ont traversé le ciel. »

preuve d'une puissance extrême pour se déplacer aussi vite. S'ils étaient passés à basse altitude, l'onde de choc de leur bang supersonique aurait certainement fait voler en éclats toutes les vitres des immeubles environnants. L'idée de savoir d'où cela venait m'intéressait beaucoup moins que le fait de savoir ce que c'était. Et je demeure convaincu encore aujourd'hui que de chercher à comprendre ce que sont les ovnis n'implique en rien le fait que je croie ou non à l'existence d'extraterrestres. Les sceptiques qui ont assisté à ce phénomène en même temps que moi, c'est-à-dire les membres du CADI, n'ont pas voulu continuer de tenter d'élucider ce à quoi nous avons assisté, peut-être pour conserver leur tranquillité d'esprit et ne pas ébranler leurs certitudes. Moi, c'était tout à fait le contraire. »

Jacques Vallée, l'inspiration

Le très réputé astrophysicien et informaticien Jacques Vallée, sommité française en ufologie, néo-américain depuis les années 1960, a été une inspiration de tous les instants pour François C. Bourbeau, et ce, tout au long de ses recherches et de son apprentissage. Vallée a notamment travaillé sur l'important projet d'enquête Blue Book[16] mis sur pied par la US Air Force. Il a aussi proposé un premier système de classification des observations d'ovnis. Il a donné un grand nombre de conférences dans le monde entier, dans lesquelles il avançait d'importantes hypothèses en appuyant ses propos d'éléments amassés au cours d'enquêtes conduites sur le terrain, auprès des témoins. Il a poussé ses réflexions jusque dans les domaines physique, psychologique et mythique en étudiant la question des ovnis dans l'histoire de l'humanité. Il a publié plusieurs livres sur les ovnis (voir la bibliographie à la fin de ce livre). Jacques Vallée a même inspiré Steven Spielberg pour le personnage de Lacombe, le savant français interprété par François Truffaut dans le film *Rencontres du troisième type*. « Vallée a été pour moi un mentor et un professeur extraordinaire. Quand il a compris mon réel intérêt pour le domaine, il a ouvert les vannes en moi! Il m'a accordé des heures et des heures. Il m'a appris tant de choses... Il m'a ouvert des portes sur des dimensions de connaissance auxquelles je n'avais jamais pensé avoir accès. Je buvais ses paroles. Cet homme est si intéressant, il connaît tout de l'ufologie. Il a été d'une importance capitale dans ma vie. Il m'a appris la rigueur, la sagesse dans le discours, la réflexion, la patience, le sérieux. En plus, il a fait exploser toutes les "ballounes" des mythes auxquels j'avais pu croire dans le passé, tels que ceux sur les hommes en noir, sur les extraterrestres venus d'autres planètes et même les intraterrestres vivant au milieu de notre Terre. Il m'a "groundé"! Drôle à dire, mais oui, ce scientifique renommé m'a ramené les pieds sur terre dans le domaine ufologique! Et depuis, il est mon ami. »

François C. Bourbeau pose avec son mentor, l'ufologue français Jacques Vallée.

Par la suite, François doit attendre quelques années encore avant de se retrouver aux premières loges d'une manifestation. Entre-temps, il va faire une rencontre bouleversante qui le marquera au point de vouloir en écrire un livre, intitulé *Contact 158*.

Monsieur X

En 1981, François C. Bourbeau est invité à donner une conférence au cégep de Saint-Jérôme à l'occasion d'une semaine consacrée aux phénomènes extraterrestres. Alors qu'il est sur scène et s'adresse à plus de 250 étudiants attentifs et captivés, il remarque dans la première rangée un homme étrange et plutôt lugubre. Il est vêtu d'un long manteau noir et a le regard dissimulé derrière des verres fumés, même si la salle est plongée dans l'obscurité pour la présentation de diapositives. François s'inquiète et fait même part de sa crainte aux deux collègues qui l'accompagnent. Et si c'était un homme en noir (MIB pour «Men In Black», expression répandue dans le cercle des amateurs d'ufologie qui défendent surtout les thèses conspirationnistes) venu l'espionner pour voir s'il va trop loin dans les explications plausibles des ovnis ?

« Il m'avoua avoir été victime d'un enlèvement quelques années auparavant. »

Quand l'homme se lève pour se diriger tout droit vers lui à la fin de la conférence, les trois collègues sont prêts à tout, y compris à l'attaquer de front s'il se fait trop menaçant. «Mais il s'est mis à me confier d'une voix chevrotante qu'il avait trouvé la conférence très intéressante. Il tenait à me dire qu'il voyait que mes recherches étaient très sérieuses, que j'étais bien documenté, car c'était très crédible. Cet homme allait devenir le monsieur X de mon livre *Contact 158*. Il m'avoua avoir été victime d'un enlèvement quelques années auparavant dont il voulait tout me raconter parce

L'Ordre du Temple solaire veut le recruter

Au cours de toutes ces années consacrées à l'ufologie, il en est arrivé de toutes sortes à François C. Bourbeau. Certains de ces événements singuliers se sont produits après qu'il eut reçu à deux reprises le médecin de l'Ordre du Temple solaire (OTS)[17], Luc Jouret, à son émission *Fusion*, une première fois en 1985, puis une autre en 1989. En 1994, François est approché par une représentante de Québec agissant pour le compte de l'OTS afin qu'il supervise la construction et la tenue d'une auberge à Shawinigan qui serait même munie d'une piste d'atterrissage pour soucoupes volantes!

Cette dame présente à François la «preuve» qu'un montant de 13 millions de dollars américains sera à sa disposition dès qu'il acceptera l'offre. Convaincu de la malhonnêteté des personnes impliquées dans ce projet et du dérapage évident de cette secte, François décline vitement l'invitation. Ce qui s'ensuit est assez inquiétant. «Certains n'ont peut-être pas apprécié mon attitude... Des livres publiés en France relataient mon refus de collaborer avec l'OTS et avec l'une des plus importantes et réputées firmes de comptables agréés basée à Toronto. En moins de six mois, j'ai subi deux vols informatiques à mes bureaux du magazine et de l'émission *Alter Ego Spiritus*. C'était comme si on avait voulu savoir si j'y conservais des données ufologiques compromettantes relatives à l'OTS. Je suis demeuré très méfiant par la suite... J'ai même fait la première page du journal *La Tribune* de Sherbrooke trois jours consécutifs à propos de cette histoire.»

qu'il se sentait en confiance. Il avait peur de tout le monde, il craignait tout, il avait été complètement traumatisé par ce qu'il avait vécu. »

Afin de stimuler la mémoire fragmentée de ce monsieur X, Bourbeau a recours à une méthode d'hypnose dite de projection. Ce procédé qui s'apparente au somnambulisme permet à la personne de se déplacer les yeux fermés sans se frapper et de s'observer alors que son esprit téléguide son corps. Ainsi, c'est l'esprit non influencé qui mène l'individu sur les lieux où il peut raconter ce qui s'y est passé. « Nous avons d'abord testé cette méthode sur lui dans une autre situation pour voir si elle serait efficace chez lui. Avec cette méthode, monsieur X a été en mesure de situer l'endroit où se trouvait la jeune Mélanie Decamps, enlevée le 9 juillet 1983 à Drummondville. Il a parlé d'un endroit à environ 7 km du parc des Voltigeurs, alors qu'elle se trouvait à 6,9 km. Pour nous, cela confirmait que cette méthode était assez fiable pour être utilisée dans le but de lui faire raconter ce qu'il avait vécu. Il m'a ainsi raconté son récit unique d'enlèvement[18]. Quelle histoire! C'était fascinant, complexe et très détaillé. Monsieur X a vécu une rencontre rapprochée du troisième type (RRIII) dans la nuit du 24 au 25 novembre 1979. Il a été

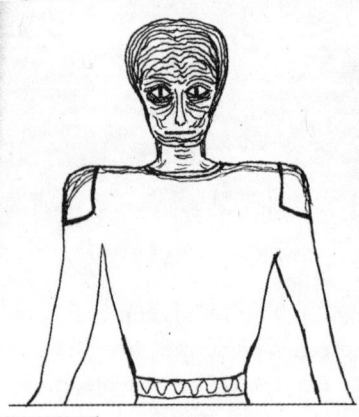

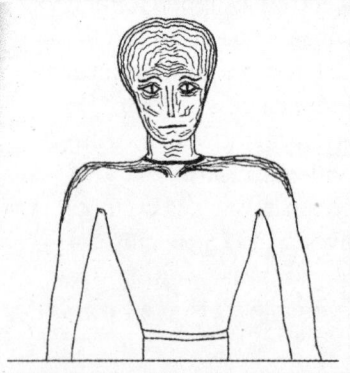

Voici les deux esquisses faites par monsieur X représentant les humanoïdes mâle (en haut) et femelle (en bas) rencontrés.

EXTRATERRESTRE OU HUMANOÏDE ?

Comme la plus proche planète possiblement habitable de notre galaxie pourrait bien ne se trouver qu'à plusieurs années-lumière de notre Terre, on doute de plus en plus que les êtres se déplaçant à bord d'ovnis proviennent d'une autre planète. C'est pourquoi certains spécialistes en la matière préfèrent employer le terme « humanoïdes » pour décrire ces êtres aux similitudes physiologiques rencontrés par certains témoins et qui pourraient, selon certaines hypothèses, vivre sur notre planète mais dans une autre dimension. Cela permet d'éviter le terme « extraterrestres » qui décrit, par définition, des êtres vivant sur une autre planète que la Terre.

enlevé par un mâle et une femelle humanoïdes. Il me les a décrits précisément. Ils étaient de petite taille avec de grands yeux noirs, un visage allongé, à peau de crapaud rugueuse comme des écailles.

Monsieur X a été le premier à décrire ainsi les humanoïdes, bien avant qu'on le fasse aux États-Unis. Depuis ce temps-là, les gens qui parlent de rencontre ou d'enlèvement décrivent ces êtres de la même façon que lui ! »

Un cas clairement élucidé

Pour certains cas sur lesquels ils ont enquêté, François C. Bourbeau et le Réseau Ovni-Alerte ont pu trouver des explications concluantes. L'un de ceux qui suscita leur attention fut le cas du possible écrasement d'un ovni à la mi-février 1981 à Vendée, un village des Laurentides.

« Des gens ont été étonnés de découvrir une zone où les arbres avaient été carrément couchés sur le sol de façon incompréhensible, tous dans la même direction. Leurs branches semblaient s'être entremêlées. Certaines semblaient brûlées par endroits. Des troncs étaient tordus, d'autres cassés. Le propriétaire du terrain, un certain monsieur Nantel,

Le site du cas de Vendée.

En médaillon, Alain Fournier, l'un des enquêteurs d'Ovni-Alerte, observe les lieux de l'incident.

aujourd'hui décédé, était un homme au discours très coloré. Il nous a décrit l'événement avec beaucoup de détails. Ce fut un cas très intéressant. Or l'étude du terrain nous permit finalement de conclure que c'était plutôt un cas de chablis, un phénomène météorologique. »

D'où viendraient les ovnis ?

Toutes ces années, François a tenté de comprendre les multiples observations d'ovnis partout dans le monde, et ce n'est pas demain qu'il s'arrêtera. Après mûre réflexion, il en est venu à retenir une hypothèse sur ces visiteurs impromptus. «Un fait revient toujours dans les cas d'observation d'ovnis. L'ovni apparaît soudainement et disparaît tout aussi rapidement. Il semble carrément se dématérialiser, passer vers un autre lieu. Les gens nous disent souvent que l'ovni s'est dissous, est disparu tout d'un coup... Il y a aussi des cas de rencontres d'humanoïdes sur un site où il ne semblait pas y avoir d'ovni aux alentours : comment expliquer leur venue sur notre planète s'il s'agit bien d'"extra-terrestres" ? Et que faire et penser de ces cas où un humanoïde semble tout aussi surpris de rencontrer le témoin, comme s'il venait soudain de surgir de quelque part sans comprendre lui-même ce qui se passe ? Il est là, marche, prend des échantillons de végétaux, regarde autour de lui, va parfois jusqu'à inviter une personne rencontrée à le suivre dans le but de l'étudier plus en détail... Puis, en quelques secondes, l'objet ou l'humanoïde disparaît mais les traces de son passage demeurent bien visibles, elles... Je me suis donc mis à réfléchir à ce concept théorique d'espace-temps qu'étudient certains physiciens tels que Stephen Hawking. Je me suis dit que ces êtres ou ces ovnis ne viennent peut-être pas d'aussi loin qu'on l'imagine. Je me suis mis à penser qu'ils peuvent peut-être se matérialiser à un endroit et se dématérialiser carrément à un autre. Je songe à cela depuis le 28 janvier 1994.

« Une intelligence non humaine pourrait-elle habiter le même espace que nous mais dans un temps différent, un temps décalé par rapport au nôtre ? »

Ce jour-là, le commandant Jean-Charles Duboc et sa copilote Valérie Chauffour, à bord de leur Airbus A-320 entre Nice et Londres, ont vu à 11 900 m d'altitude au-dessus de Paris une sorte de cloche aplatie rougeâtre, très étirée, que deux radars très performants au sol ont pu détecter... jusqu'à ce que les deux témoins s'écrient au contrôleur aérien: "Hé, l'objet vient de disparaître!" Au même moment, les deux radars ne détectaient plus cette chose eux non plus! C'est à la suite de cet incident que je me suis dit, c'est quoi ça, si ce n'est pas de la dématérialisation!

Une intelligence non humaine pourrait-elle habiter le même espace que nous mais dans un temps différent, un temps décalé par rapport au nôtre? Ces êtres pourraient-ils transcender parfois l'espace-temps et se retrouver dans notre temps et notre espace, lorsqu'ils actionnent un certain mécanisme ou activent la lumière de leur appareil volant? L'ovni deviendrait alors visible pour nous et nous deviendrions visibles pour eux. Ça expliquerait aussi, entre autres, les réactions de surprise des humanoïdes quand ils rencontrent subitement des humains. Ils ne s'y attendent pas plus que nous. Cela voudrait dire que nous serions en présence d'une société qui vit dans une autre dimension que la nôtre et qui se fout totalement de nous. Ses habitants ne viendraient dans notre dimension que par erreur au moment de cassures spatiotemporelles. Et ces cassures

créeraient des corridors qui permettent aux témoins qui sont dans leur axe d'apercevoir soudain ces engins ou ces humanoïdes. Donc, si une personne se retrouvait en position parallèle à ce corridor, elle ne verrait pas l'ovni, mais si elle était face à ce corridor, elle pourrait l'apercevoir. C'est peut-être ce qui explique que des gens voient des ovnis et que leurs voisins juste à côté n'ont rien vu. C'est la même chose pour la description de l'objet observé. L'angle de vue dans le corridor pourrait faire en sorte que la forme soit légèrement modifiée dépendant du lieu d'où on l'observe.

Et que le radar puisse détecter l'ovni ou non peut tout aussi bien s'expliquer par le fait que si le corridor où apparaît l'objet pointe vers le radar, il sera apparent sur l'écran,

 « Dans les années 1960-1970, à peine 8 % des cas d'observation étaient vraiment des ovnis, aujourd'hui le ratio a grimpé à 30 %. »

mais si ce corridor est tangentiel aux rayons de balayage du radar, l'ovni va demeurer invisible. En fait, on peut comparer ça à nos corridors maritimes ou aériens... Pourquoi les ovnis n'auraient-ils pas leurs propres corridors dans leur propre espace temporel, dans leur propre dimension?

 « Certains témoins disent aussi avoir été poussés par la lumière, gelés par elle, comme paralysés... »

Quand on pense qu'on a répertorié plus de 30 millions d'observations d'ovnis dans le monde sur une période de 20 ans, il est clair qu'il faut tout faire pour comprendre ce qui se passe. Ça n'a pas de bon sens autrement. Et la probabilité qu'il s'agisse d'extraterrestres est de moins en moins vraisemblable. Peut-être ces êtres ne viennent-ils pas d'une autre planète? Surtout que l'on sait maintenant que la planète possiblement habitable la plus proche de la Terre est beaucoup trop loin pour être accessible par des moyens de transport humainement concevables. Alors, si on étudiait plutôt l'hypothèse que ces intelligences non humaines cohabitent peut-être dans le même "espace" que nous? Cela pourrait être bien plus logique si on se réfère aux témoignages que nous colligeons depuis toutes ces années. Il semble bien clair que ces êtres sont technologiquement plus avancés que nous. Ils réussissent à avoir le contrôle sur notre esprit. Ils peuvent "hypnotiser" les humains rencontrés. La puissance des faisceaux de leur lumière ou de l'énergie dégagée par leurs véhicules (des micro-ondes pulsées) peut causer des brûlures profondes, des vomissements, des étourdissements, des cancers. Il y a même des cas de mortalité recensés en Amérique du Sud, comme il y a eu aussi des cas inexpliqués de guérison de maladies. Certains témoins disent aussi avoir été poussés par la lumière, gelés par elle, comme paralysés...

Il est évident que nous ne sommes pas encore capables de produire une lumière avec de telles propriétés. Ça veut donc dire que ces humanoïdes ont réussi à créer une technologie qui nous est inconnue pour l'instant et qui se manifeste sous forme d'un rayonnement lumineux, capable d'agir sur le cortex cérébral des êtres humains. Toutefois, nous ne sommes pas encore en mesure de comprendre précisément les effets de ces micro-ondes pulsées sur le cerveau des témoins se tenant à une courte distance de la source émettrice modulée de ces ondes électromagnétiques de grande intensité.

Voilà! Ma certitude au sujet de l'existence des ovnis est totale, absolue et inébranlable. Le phénomène est physiquement réel. Nous sommes définitivement en présence d'une technologie extraordinairement subtile et évoluée, capable de manipuler la lumière d'une manière absolument phénoménale et de revitaliser un sol desséché en quelques secondes de rayonnement seulement.

Je ne comprends pas que les humains n'investissent pas des sommes d'argent importantes pour tenter d'élucider ce que c'est, dans l'espoir de mettre cette technologie en pratique à notre tour dans ce monde-ci. Le débat quantique va se régler quand on comprendra l'ovni et la lumière qui s'en dégage. La réponse, elle est là, elle se cache dans la lumière que l'ovni dégage!

Si je me retrouvais face à un humanoïde, je tenterais de tout savoir de lui. Je forcerais une interaction. Je tenterais de vérifier si l'entité plantée devant moi possède des réflexes. D'abord, je feindrais de lui mettre un doigt dans un

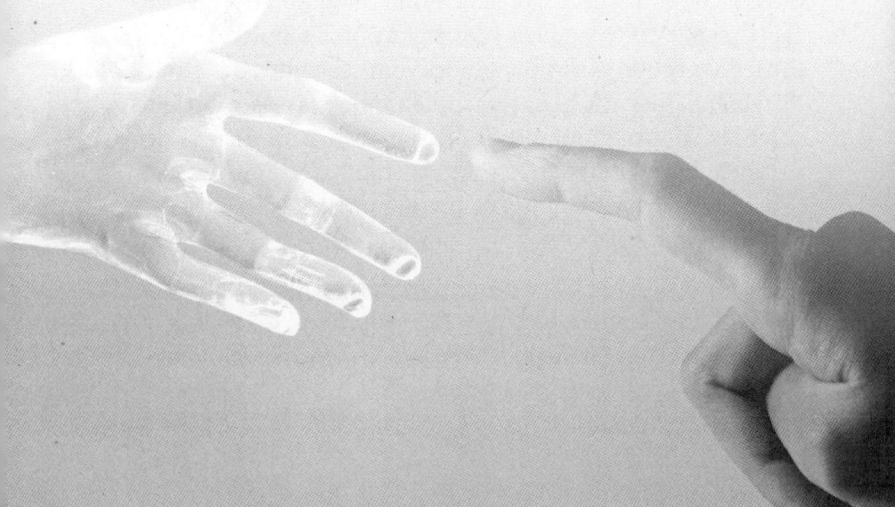

œil, juste pour voir si elle aura un réflexe de recul, ou des clignements des paupières pour se protéger la rétine. Mais une chose est certaine, je ne tournerais jamais le dos à cette

« J'exigerais des précisions pour pouvoir localiser clairement d'où ces êtres prétendent venir. Je ne laisserais rien au hasard, ça c'est certain. Je profiterais de cette rencontre au maximum ! »

créature, pour la garder toujours bien dans mon champ de vision. Par différents moyens simples, j'essaierais d'entrer en contact avec elle, par exemple avec mes mains – à moins qu'elle ne s'adresse à moi dans ma langue ? Puisque je connais bien mon ciel, les constellations, les noms d'étoiles, leurs distances, etc., il est clair que je lui demanderais d'où elle vient. Je sais que je serais bien mieux placé que Betty Hill [la célèbre contactée américaine, victime en septembre 1961 d'un enlèvement nocturne avec son mari Barney sur la route nationale 3, dans le New Hampshire] pour ne pas me laisser embobiner par une fausse carte montrant un tas d'étoiles non référencées. Je poserais des questions. J'exigerais des précisions pour pouvoir localiser clairement d'où ces êtres prétendent venir. Je ne laisserais rien au hasard. Je profiterais de cette rencontre au maximum ! »

Le devoir de savoir

Malgré les difficultés d'enquête et le scepticisme de plusieurs, François C. Bourbeau sait qu'il a le devoir de continuer à réunir tous les éléments nécessaires à la compréhension des ovnis, toujours avec la même rigueur scientifique. Il n'a pas le choix. Il le sait. Il sait qu'il doit le faire car, lorsqu'il s'arrête, ça stagne en lui. Ça lui crie de continuer. C'est plus fort que lui. Même dans les moments de doute ou de découragement, il ressent toujours qu'il va finir par y revenir. Il doit trouver, il devra trouver. Et l'expliquer. Une fois pour toutes ! Et il n'aura de cesse de chercher que le

L'ufologue François C. Bourbeau

jour de son dernier souffle. «J'espère qu'on pourra dire un jour que François C. Bourbeau a tout tenté pour nous faire comprendre les ovnis, qu'il nous a enfin démontré ce que c'était et d'où ça venait.»

Son souhait le plus cher: qu'Ovni-Alerte ait un jour assez de sous «non seulement pour faire de la recherche, mais aussi pour mettre sur pied son auberge, son observatoire astronomique ainsi que sa station radar doppler primaire dont on rêve depuis si longtemps. En ce lieu privilégié, les gens pourraient observer le ciel avec nous, parler d'ovnis si cela les intéresse, suivre des ateliers en sciences astronomique, aérospatiale, astrophysique ou mathématique, et venir puiser toute l'information scientifique désirée dans notre centre de documentation sur place. J'aimerais continuer de partager tout cela avec les gens. Voilà quel serait le grand objectif final de ma carrière!»

Le coin du sceptique

Chablis ou verglas?

Il peut arriver que des événements météorologiques causent des dégâts qui peuvent paraître mystérieux aux yeux de certains témoins (voir le cas de Vendée, p. 71). Un chablis? Un verglas? Ces deux phénomènes sont bien différents. Martin Bélanger, chef des services en formation météorologique chez MétéoMédia, nous les décrit.

«On appelle chablis tout événement où la majorité des arbres sont déracinés ou cassés par les vents dans un corridor ou un secteur isolé. Par exemple, une microrafale (associée à un orage) comportant des vents violents pourrait déraciner ou coucher des arbres sur un corridor de plusieurs centaines de mètres, voire de quelques kilomètres.

Le verglas, quant à lui, est cette couche de glace qui se forme lorsqu'une pluie verglaçante tombe sur une région. La pluie verglaçante se forme quand les gouttelettes gèlent au contact du sol alors que les températures descendent sous le point de congélation près de la surface.

Par contre, le verglas ne déracine pas d'arbres. Habituellement, seules certaines branches d'un ou plusieurs arbres vont se casser. La chute d'arbres est plutôt liée à un chablis, qui est la conséquence de vents violents, habituellement associés à certains orages.»

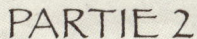

PARTIE 2
LE MYSTÈRE PLANE TOUJOURS

MONTRÉAL : DEUX CAS PHÉNOMÉNAUX

Le premier cas d'observation d'un ovni relaté dans cette partie, celui de l'hôtel Hilton Bonaventure, demeure l'un des plus marquants du Québec. Il fit la une des grands journaux québécois, plusieurs témoins assistèrent à l'événement, un photographe immortalisa l'engin sur pellicule et, bien que bon nombre de spécialistes aient cru avoir apporté une explication plausible au phénomène, celui-ci a laissé la plupart des chercheurs perplexes. Un rapport de 25 pages, préparé par un ufologue et homme d'affaires et un consultant de la NASA, réunit des données fort importantes sur l'événement.

Nous greffons au cas du Hilton Bonaventure un autre cas survenu à Montréal qui suscite beaucoup d'intérêt et de fascination à cause de la forme de l'engin observé. Il semble bien que les ovnis du XXIe siècle aient adopté une nouvelle configuration en V, beaucoup plus aérodynamique.

DES POLICIERS BOUCHE BÉE

Lieu : hôtel Hilton Bonaventure, Montréal
Témoins : entre 40 et 75[19]
Type d'observation : rencontre éloignée
du premier type (REI)
Date : 7 novembre 1990

La nuit était tombée. Il était 19 h 15. Le ciel au-dessus du centre-ville de Montréal était couvert d'une dense

En levant les yeux au ciel, elle remarqua soudain de drôles de lumières jaunes qui stagnaient très haut au-dessus de l'hôtel.

bande nuageuse d'environ 1 000 à 1 500 m d'épaisseur. Comme la piscine est chauffée sur le toit du 17e étage de l'hôtel Hilton Bonaventure, il n'était pas étonnant de voir quelques baigneurs se prélasser dans l'eau fumante bien que la plupart des autres clients se fussent plutôt attablés au restaurant à l'intérieur. À divers moments de cette soirée fatidique, entre 40 et 75 personnes allaient pourtant partager une observation mémorable[20].

Tout semblait paisible. Une touriste américaine nageait doucement sur le dos dans la piscine. Or, voilà qu'en levant les yeux au ciel, elle remarqua soudain de drôles de lumières jaunes qui stagnaient très haut au-dessus de l'hôtel.

Elle en avisa tout de suite la surveillante de la piscine qui constata elle aussi le fait avec grand étonnement. Cette dernière alerta immédiatement le directeur adjoint de la sécurité de l'hôtel, qui communiqua sans attendre avec les policiers

La piscine de l'hôtel Hilton Bonaventure

de la Communauté urbaine de Montréal. L'homme craignait que ce ne fût un satellite qui aurait pu laisser tomber des débris dangereux. Leur curiosité piquée, les clients du restaurant de l'hôtel, des congressistes et des employés sortirent alors sur la terrasse pour voir ce qui s'y passait et levèrent eux aussi les yeux au ciel. L'objet mystérieux était toujours là, ne bougeant presque pas, s'étant déplacé d'au-dessus de la tour de la Bourse jusqu'au-dessus de l'hôtel Hilton Bonaventure. Un des témoins, un pilote d'Air Canada, estima la position

 L'engin d'une taille phénoménale était toujours bien présent au-dessus de leurs têtes.

de vol de l'engin entre 1 000 et 2 700 m d'altitude. Au même moment, en montant dans l'ascenseur avec l'agent de sécurité, l'agent de police dépêché sur place blaguait au sujet de la supposée « soucoupe volante » pour laquelle il avait été appelé. Mais lorsqu'il aperçut lui aussi l'objet dans le ciel, il laissa tomber un juron, stupéfait. Il allait constater bien vite que ce n'était pas un canular. L'engin d'une taille phénoménale était toujours bien présent au-dessus de leurs têtes, et il ne se déplaçait que très légèrement vers le nord.

Des témoins le décrirent comme une énorme couronne ovale sombre, en matériau métallique, munie de six ou sept lumières blanches très intenses émettant de larges faisceaux en V. Selon certains, les lumières passaient parfois du jaune au bleu et du bleu au rouge. Conscient de l'importance de l'événement, l'agent de police prit la situation au sérieux et en dressa un rapport précis, basé tant sur sa propre observation que sur celles des nombreux témoins très volubiles qui se trouvaient sur la terrasse. L'homme appela ensuite un agent de la section des Enquêtes fédérales de la GRC pour qu'il vienne lui aussi établir *de visu* un constat du phénomène. L'agent en question arriva sur place vers 21 h 30 après avoir fait les vérifications qui s'imposaient, à savoir s'il y avait ou non des opérations militaires en cours dans le secteur pouvant créer une certaine confusion chez les observateurs. Mais ce n'était pas le cas. Entre-temps, le policier donna également un coup de fil à l'aéroport de Dorval qui dirigea son appel à la tour de contrôle. Il était 20 h 48. L'engin était toujours bien présent dans le ciel au-dessus de leurs têtes. L'employé de la tour de contrôle lui souligna qu'il n'était pas le premier à signaler cette observation et il lui déclara qu'il ne décelait rien d'autres sur son écran radar que le trafic aérien régulier et connu. Il l'avisa tout de même du passage d'un avion dans le secteur, que l'agent repéra au même moment. L'avion vola tout à coup juste au-dessus de l'objet non identifié. Le policier demanda donc au contrôleur aérien de tout tenter pour repérer l'objet qui serait à l'instant même sous cet avion. Le

 Les lumières de l'objet inconnu demeuraient tout aussi visibles.

contrôleur répliqua qu'il ne voyait absolument rien d'autre sur son écran radar. Toujours plus étonné, le policier décida alors de contacter la Défense nationale. L'agent en place lui répondit qu'il ne pouvait rien faire pour lui mais qu'il en aviserait ses supérieurs en temps et lieu. Fait étrange, on put entendre passer deux avions militaires à grande vitesse à ce moment-là dans le ciel du centre-ville...

Pensant soudain que ces effets lumineux pouvaient peut-être être causés par les faisceaux des projecteurs du chantier de construction du 1000 de la Gauchetière, le policier contacta les autorités concernées afin qu'elles fassent éteindre ces projecteurs. Cela ne changea absolument rien! Tous constatèrent sur-le-champ que ces projecteurs n'étaient pas en cause. De fait, bien que les projecteurs aient tous été éteints, les lumières de l'objet inconnu demeuraient tout aussi visibles et continuaient de diffuser tout autant à travers les nuages. L'hypothèse d'un phénomène de réflexion optique fut donc écartée.

Une photo cruciale

Au cœur de la soirée, le journal *La Presse* eut vent de l'incident. Le quotidien dépêcha alors un de ses journalistes, Marcel Laroche, au Hilton Bonaventure. Il se rendit précipitamment sur le toit de l'hôtel avec son appareil photo en bandoulière. Laroche eut ainsi la chance d'immortaliser sur pellicule la chose étrange survolant le centre-ville.

Photo de l'ovni prise par le journaliste Marcel Laroche dans la soirée du 7 novembre 1990. Sur le cliché couleur original, les faisceaux du centre sont jaunes et ceux en périphérie, bleus.

Ces importants clichés permirent de conserver une preuve visuelle tangible du passage de l'objet. Ces photos servirent également à en calculer la taille. Ainsi, par la suite, on put évaluer sa dimension approximative à une envergure de quelque 540 m, soit l'équivalent de près de cinq terrains de football.

Vers 22 h 30, sous les yeux toujours aussi étonnés de l'imposant groupe de témoins, l'objet allait finalement se déplacer petit à petit vers l'est de Montréal. Un autre témoin, un homme rentrant chez lui en voiture dans ce secteur, aperçut à son tour un objet mystérieux muni de lumières intenses qui s'éloignait dans le ciel au-dessus du Stade olympique. Selon ses dires, avant de s'estomper totalement, la chose démesurément grande aurait même émis un son vibratoire très intense.

Cette impressionnante observation au-dessus de Montréal s'est ainsi prolongée jusqu'à 23 h. D'autres témoins ailleurs dans la ville ont raconté avoir également assisté à l'étrange événement ce soir-là. Certains se tenaient à l'angle de la rue

 La GRC classa vite l'affaire. Les jours suivant l'événement, les rapports de police et ceux des agents de la GRC ne furent plus accessibles...

Saint-Donat et du boulevard Roi-René, à quelque 12 km de l'hôtel Hilton Bonaventure, d'autres se trouvaient plutôt dans le Vieux-Montréal, au coin de Saint-Sulpice et de Brésoles. Des clients arrivant en taxi au Hilton Bonaventure rapportèrent aussi avoir vu l'ovni énigmatique.

Malgré cela, sceptiques et astronomes en concluent que ce ne fut probablement qu'une aurore boréale d'une rare luminosité. La GRC classa vite l'affaire. Les jours suivant l'événement, les rapports de police et ceux des agents de la GRC ne furent plus accessibles...

On n'a jamais entendu parler du rapport des pilotes des deux avions militaires ayant survolé le site à ce moment-là. Le NORAD aurait rapidement, dit-on, rapatrié tous les documents liés à cette observation et les aurait classés comme confidentiels.

Que s'est-il donc réellement passé le 7 novembre 1990? Qu'était donc cet incomparable objet inusité, avec ses lumières brillantes statiques si précises, et observé par tant de témoins? Ceux-ci ont pourtant vu «quelque chose». Le rapport Guénette-Haines a conclu qu'un objet volant non identifié bien physique, solide et à trois dimensions, émettant sa propre lumière et ne faisant pas seulement qu'en refléter, a bel et bien survolé le centre-ville montréalais ce soir-là... L'étude a du même coup réfuté toute hypothèse d'un phénomène météorologique comme une aurore boréale, compte tenu notamment des descriptions trop précises de l'objet vu par les témoins.

Alors, qu'y a-t-il vraiment eu dans le ciel du centre-ville de Montréal le 7 novembre 1990? Malheureusement, malgré toutes les analyses et les recherches effectuées avec une exceptionnelle rigueur en ce temps-là, le phénomène demeure encore à ce jour totalement inexpliqué.

ÉTONNANT V LUMINEUX

Lieu : plateau Mont-Royal, Montréal
Témoin : Guillaume (nom fictif)
Type d'observation : rencontre rapprochée
du premier type (RRI)
Date : 27 avril 2009

C'était une chaude soirée du mois d'avril. Guillaume était assis sur son balcon du plateau Mont-Royal, au 3e étage de l'immeuble où il habitait. La disposition de la cour intérieure estompant en bonne partie la pollution lumineuse, cela lui permettait d'observer agréablement le ciel étoilé. Il était 21 h 10 quand il aperçut soudain un objet insolite traverser le ciel. « Je n'ai d'abord vu que des lumières rouge orangé, en formation de V, passer juste au-dessus de ma tête. C'est ensuite que j'ai pu apercevoir la structure étonnante de l'engin : un V noir doté de deux ailes, illuminé par quatre ou cinq lumières orangées localisées sous chaque aile de l'appareil. Ces lumières ne clignotaient pas, elles étaient plutôt tamisées, pourrais-je dire. J'ai pu remarquer également la présence d'une autre lumière sous la pointe avant de l'appareil, toujours sous le V.

 « Je n'ai entendu aucun bruit, si ce n'est qu'un sifflement d'air. »

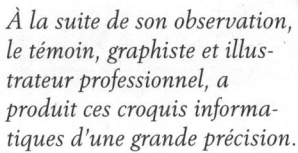

À la suite de son observation, le témoin, graphiste et illustrateur professionnel, a produit ces croquis informatiques d'une grande précision.

Je n'ai entendu aucun bruit, si ce n'est qu'un sifflement d'air, probablement causé par le passage de l'engin. Pas de bruit de moteur, rien d'autre de ce genre. Le phénomène n'a duré en tout que cinq ou six secondes à peine.

L'objet a volé d'est en ouest pour aller disparaître ensuite derrière le toit de mon immeuble. La chose semblait glisser littéralement dans l'air, c'était irréel. Et ce fut mémorable!»

Fait étrange, dans les semaines qui suivirent l'observation de Guillaume, un phénomène similaire allait être signalé en France. Mêmes descriptions de triangle ouvert, de lumières orangées, d'aspect de boomerang, de passage sans bruit et de déplacement à très grande vitesse. Plus étonnant encore, le même genre d'observation fut également cité à quelques reprises dans les mois qui suivirent aux États-Unis. Les ovnis seraient-ils en train de modifier leur aspect? Y aurait-il une concordance entre ces dossiers? Serait-ce les mêmes ovnis qui circuleraient ici et là-bas? Le mystère reste entier.

Le coin du sceptique

Peut-être une aurore boréale ?

Des sceptiques ont conclu que le phénomène observé dans le ciel de Montréal au-dessus de l'hôtel Hilton Bonaventure pouvait être une aurore boréale. Les aurores boréales, dont on connaît bien les valses lumineuses beaucoup plus présentes dans le ciel nordique, peuvent en surprendre plusieurs quand elles se manifestent ici même, au centre et au sud du Québec. Monsieur Robert Lamontagne, directeur exécutif de l'Observatoire du mont Mégantic, nous livre quelques secrets sur ce phénomène atmosphérique lumineux. « Les aurores boréales sont provoquées par la présence dans la haute atmosphère de particules solaires chargées. Elles sont éjectées par le Soleil au moment d'éruptions solaires et voyagent vers la Terre en étant déviées par le champ magnétique terrestre vers les régions polaires. Le contact de ces particules avec notre atmosphère excite les molécules d'air et provoque un phénomène lumineux. Il y a des périodes cycliques où le

Soleil, alors plus actif, rejette plus de particules solaires, ce qui provoque davantage d'aurores boréales. Nous connaissons bien ces grands rideaux vaporeux et lumineux des aurores boréales des régions nordiques. Par contre, il arrive aussi qu'elles adoptent d'autres formes moins connues qui peuvent confondre les observateurs. Elles peuvent se présenter sous forme d'arcs, de longues bandes, mais aussi en couronnes ou en étonnantes raies verticales qui peuvent ressembler à de longs faisceaux lumineux suspendus dans le ciel. L'aurore boréale peut ne former qu'une sorte de simple tache lumineuse ou quelques taches côte à côte dans le ciel, semblables à un étrange nuage coloré.»

On peut également voir dans le ciel des satellites de télécommunication ou météorologiques, qui sont plus ou moins brillants selon leur taille, ainsi que la station spatiale internationale. Cette station est aussi brillante que la planète Vénus. Comment faire pour reconnaître les satellites? Monsieur Lamontagne nous guide. «Ce sont de petits points brillants qui se déplacent dans le ciel d'un horizon à l'autre à une vitesse uniforme, dans un laps de temps d'à peu près une minute à une minute et demie, et qui ne clignotent pas comme les avions de ligne qui traversent le ciel. Même qu'avec une bonne lunette d'approche, on peut arriver à voir la forme de la station spatiale internationale quand elle passe. La station et les satellites prennent environ 90 minutes pour faire le tour de la Terre. Donc, on peut les voir assez régulièrement. Par contre, comme la Terre tourne aussi sur elle-même, cela veut dire qu'ils ne passeront pas toujours au même endroit dans le ciel.»

Rendez-vous sur le site de la NASA pour connaître les heures précises où la station passe au-dessus de votre ville: http://spaceflight1.nasa.gov

LAURENTIDES : TROUBLANTES LUMIÈRES EN PLEIN BOIS

La région au nord de Mont-Laurier est largement peuplée de lacs et de forêts. Elle compte bien peu de villes et de villages. La nuit peut y être très noire parfois. Par contre, il advient que des objets bien étranges illuminent les environs de façon exceptionnelle. Deux cas particuliers ont attiré notre attention, une observation faite en soirée en famille qui souleva bien des frissons et suscita des cauchemars, ainsi qu'une boule lumineuse plutôt louche que put photographier un témoin.

ENGIN BIZARRE AU-DESSUS DU LAC

Lieu : au nord de Mont-Laurier, dans les Hautes-Laurentides
Témoins : Martin et quatre autres personnes
Type d'observation : rencontre rapprochée du premier type (RR1)
Date : 25 juillet 2008

C'était en plein mois de juillet. Le temps était beau. Le ciel légèrement nuageux. Martin était en vacances avec sa famille et un ami accompagné de ses enfants dans un club privé de pêche en pleine nature au lac Écurie-de-Toile, à 1 h 30 de route au nord de Mont-Laurier. Ce vendredi soir-là, il avait décidé de faire un feu. Vers les 23 h 45, sa conjointe s'inquiéta en voyant une lueur rouge intense au sommet

Le témoin a dessiné sur une photo prise de jour ce croquis de l'ovni aperçu cette nuit-là.

d'un sapin au bord du lac, juste en face de leur campement, à pas plus de 150 m d'eux. Martin nous raconte.

« Ma conjointe avait cru que des flammèches de notre feu avaient pu s'envoler et enflammer cet arbre. Mais bien vite on a réalisé que c'était plus bizarre que ça. Tout le sapin semblait éclairé par un objet qui l'enveloppait d'une lumière orangée très claire.

 Ce qui nous étonnait tous, c'est à quel point la chose ne diffusait pas de lumière hors d'elle-même.

Puis, à mieux y regarder, on a soudain constaté qu'une grosse sphère un peu aplatie se trouvait derrière cet arbre et était en train de s'élever en direction du milieu du lac.

L'objet s'est arrêté un instant à une quinzaine de mètres au-dessus du plan d'eau. On a évalué que la chose pouvait avoir un diamètre d'un à deux mètres. C'était assez gros pour qu'un humain puisse être assis à l'intérieur. Ça ne bougeait pas, ça ne faisait aucun bruit, c'était très brillant. Autre fait étrange, l'engin ne produisait aucun reflet sur l'eau. »

L'ovni qui s'était d'abord arrêté à l'ouest du lac se dirigea ensuite dans un silence total vers l'extrémité sud.

« Pour mieux voir, j'ai alors eu l'idée de me rendre au bout du petit quai auquel étaient arrimées les chaloupes. J'avais apporté une lampe torche dont je me suis servi pour éclairer l'ovni. Mais il ne s'est rien produit. C'est vrai que ma lampe n'éclairait pas beaucoup, et son faisceau n'a pas pu atteindre le corps de l'objet en question. Ce qui nous étonnait tous, c'est à quel point la chose ne diffusait pas de

 « S'il était revenu, on aurait été bien trop vulnérables. »

lumière hors d'elle-même. La luminosité apparente semblait provenir de l'intérieur seulement, comme une tente éclairée de l'intérieur. C'était simplement lumineux. Puis, au moment où la chose s'est dirigée vers l'extrémité du lac, on a vu apparaître un faisceau de lumière blanche en V devant elle, comme si elle avait allumé un phare pour éclairer sa route. Elle est finalement disparue derrière les arbres et on ne l'a pas revue. »

En tout, cette observation aura duré une dizaine de minutes. Un temps interminable pour les témoins. Tous étaient sans voix. Ils étaient cinq, trois adultes et deux enfants. Les jeunes de 11 et 12 ans étaient si apeurés qu'ils se cachaient derrière des chaises. « On n'a vraiment pas compris ce que c'était. Sur le moment, je n'ai pas eu peur, mais quand je me suis rendu au bout du quai tout seul, je suis vite revenu auprès des autres car je commençais à m'inquiéter pas mal. Surtout que je savais qu'il n'y avait personne d'autre ce soir-là autour du lac. Pour se rendre à cet autre bout du lac afin de suivre la chose, il aurait fallu y aller en chaloupe. Il est clair qu'on n'avait vraiment pas envie de s'y rendre comme ça. L'engin avait survolé le lac, alors… s'il était revenu, on aurait été bien trop vulnérables.

Après l'événement, on s'est tous regroupés dans l'un des deux chalets et on en a jasé un bon bout de temps. Puis on est finalement allés se coucher. Mais ma conjointe n'a pas dormi du tout et mes amis dans l'autre chalet non plus! Moi, je suis officier pompier, je ne fabule pas dans la vie et j'ai besoin de tout comprendre. Cette fois-là, vraiment, je suis demeuré complètement estomaqué et je ne trouve pas encore de réponse à ce qui s'est passé. J'en ai parlé aux gens du club de pêche. Ça ne leur disait rien. Par contre, mon oncle m'a déclaré avoir déjà entendu parler de lumières qui se promenaient entre les arbres dans ce coin-là. C'est bien mystérieux tout ça! Et on n'a pas rêvé, personne, j'en suis certain. Ma tête ne comprenait plus rien! Je serais même prêt à passer au détecteur de mensonges pour démontrer que je dis la vérité. Il est clair qu'on a tous vu quelque chose de bizarre au-dessus du lac ce soir-là. Et on est encore incapables de dire ce que ce pouvait être. »

L'ABC d'un bon enquêteur de terrain en ufologie

- Il connaît les questions pertinentes à poser à un témoin.
- Il sait évaluer les dangers potentiels d'un site possiblement contaminé et sait comment intervenir sur le terrain.
- Il sait se protéger en conséquence.
- Il possède un large éventail d'outils de mesure dont un détecteur de métal, un détecteur d'effet Joule (manifestation thermique de la résistance électrique), un détecteur d'ondes électromagnétiques, un détecteur de radioactivité (compteur Geiger), etc.

- Il sait comment prendre des échantillons.
- Il sait où les envoyer pour fins d'analyses.
- Il compile les résultats et en établit la pertinence.
- Il agit toujours le plus rapidement et le plus efficacement possible, car l'information pouvant être recueillie sur un lieu visité se dégrade d'heure en heure.

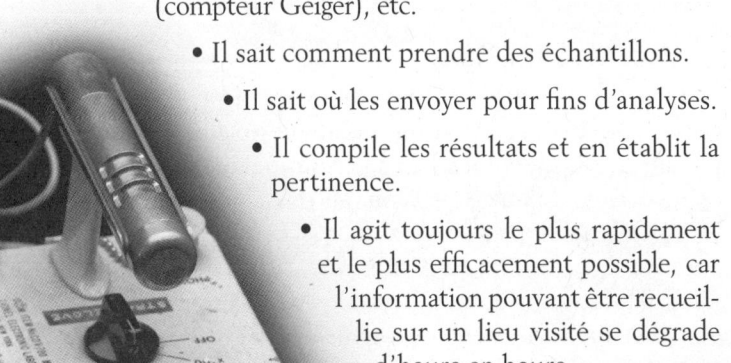

UNE INQUIÉTANTE BOULE DE LUMIÈRE

Lieu : pourvoirie au nord de Mont-Laurier,
dans les Hautes-Laurentides
Témoins : Marc Lajeunesse et quatre autres témoins
Type d'observation : lumières nocturne (LN)
Date : 23 septembre 2008

Marc Lajeunesse était à la chasse avec son père et trois autres compagnons. La soirée était agréable, quoiqu'un peu fraîche. La nuit était tombée depuis un bon bout de temps. Aucun nuage ne voilait le ciel. Tout était calme et silencieux. Marc nous raconte son observation. « Après une journée de chasse, on est revenus au campement. Dans

« La boule de lumière est demeurée stable un certain temps. »

la soirée, vers 22 h, mon petit cousin est sorti dehors et m'a crié tout à coup de venir vite le rejoindre. Au loin, de l'autre côté du lac, à environ un kilomètre d'où on était, il y avait une lumière bien étrange, comme une grosse boule jaune orange à fleur d'horizon, au-dessus des montagnes. C'était silencieux, ça ne faisait aucun bruit. S'il n'avait pas été si tard, on aurait pu penser que c'était un coucher de soleil. Mais non, c'était impossible et ce n'était pas la lune non plus, on la voyait ailleurs dans le ciel.

La boule de lumière est demeurée stable un certain temps, d'une très grande luminosité, puis lentement, elle est descendue petit à petit de l'autre côté de la montagne pour diminuer ensuite d'intensité. Mais on a vu encore un certain temps la luminosité qui valsait dans le ciel, en provenance de derrière la montagne, un peu comme l'aura d'un feu de camp. »

Étonné, Marc est finalement retourné à l'intérieur du chalet avec ses compagnons mais il se posait bien des questions.

« On était surpris et inquiets à la fois. On se demandait ce que c'était. Quand quelque chose comme ça t'arrive, tu te poses bien des questions sur ce que ça peut être. » Marc retourna donc dehors et revint chercher ses compagnons pour leur dire que l'objet était revenu. Il ramassa au vol son appareil photo. Le même phénomène se produisit à nouveau, mais allait durer cette fois-ci beaucoup plus longtemps. Les observateurs eurent le temps de descendre jusqu'au lac par un petit chemin pour se rapprocher de la scène. Comme il n'avait pas de trépied, Marc trouva une branche qui pourrait soulever son appareil photo pour le bon angle de vue et il s'appuya ensuite solidement sur le dos d'une chaloupe renversée au bord de l'eau. Dès la première photo, il vit qu'il avait bien capté quelque chose.

Marc Lajeunesse a pu prendre cette photo de l'ovni dans la soirée. La lumière du dessus émane de l'ovni, celle du dessous est son reflet sur l'eau.

En médaillon, le site à la lumière du jour.

« Chose étrange, ils ne semblaient pas surpris de notre histoire. »

« J'ai pu prendre des photos à longue exposition d'une quinzaine de secondes, sans bouger pour ne pas qu'elles soient floues. Sur l'une des photos, on voit même un point qui apparaît et, sur la photo suivante, ce point est disparu. Les photos ont été prises entre 22 h 26 et 22 h 49 exactement. C'est certain qu'on a pensé que ça pouvait être une fusée éclairante, mais une fusée éclairante, il paraît que ce n'est pas si lumineux. En plus, le secteur où apparaissait cette lumière n'est pas accessible autrement que par avion ou par hélicoptère. Il n'y a pas de route pour se rendre là. C'est ce que les propriétaires de la pourvoirie nous ont dit le lendemain – personne ne se rend dans ce coin-là ! Mais chose étrange, ils ne semblaient pas surpris de notre histoire.

Ils ont ajouté qu'ils avaient été témoins de phénomènes plutôt inusités eux aussi, comme d'autres personnes sur le site à quelques occasions. Entre autres, un des propriétaires de la pourvoirie, qui roulait en camion un soir, avait été suivi par une lumière qui s'arrêtait quand il s'arrêtait et recommençait à le suivre quand il repartait. Ces gens nous ont dit que ce n'était pas la première fois qu'ils entendaient parler de drôles de lumières sur leur site, mais ça ne semblait pas les inquiéter plus que cela. Tu sais, dans le bois, il faut parfois s'attendre à des choses bizarres, qu'ils m'ont dit, ne semblant vraiment pas surpris de la chose. »

Depuis, Marc Lajeunesse a toujours en tête de retourner chasser dans cette même pourvoirie avec l'espoir de revoir, un jour, le même phénomène et de pouvoir cette fois-ci bien l'identifier. Et il se dit maintenant qu'on ne doit pas être tout seuls dans ce vaste Univers !

LE COIN DU SCEPTIQUE

Quand vénus brille...

Plusieurs phénomènes naturels peuvent porter à confusion chez des observateurs non initiés aux connaissances astronomiques. Ainsi, certains pourraient trop rapidement conclure à la présence d'un ovni ou même d'une soucoupe volante dans le ciel alors qu'il n'en est rien, que ce qu'ils observent n'est qu'un phénomène tout à fait naturel.

L'astronome Robert Lamontagne nous explique quelques autres phénomènes.

«L'un des phénomènes qui étonne le plus et dont beaucoup d'observateurs nous parlent est la présence de la planète Vénus dans le ciel. Habituellement, on peut l'apercevoir dans son état le plus brillant quelques heures avant le lever du Soleil à environ 25° à 40° au-dessus de l'horizon à l'est, ou dans une position similaire à l'ouest quelques heures après le coucher du Soleil. Vénus est la planète dont l'orbite est la plus proche de celle de notre planète. De plus, c'est le troisième objet le plus brillant

dans le ciel après le Soleil et la Lune ; il est donc normal qu'on puisse aisément voir cette planète briller dans le ciel à la nuit tombée. Pendant plusieurs semaines, elle apparaît alors au-dessus de l'horizon comme un corps rond, blanchâtre ou jaunâtre, parfois même un peu orangé ou rougeâtre lorsqu'elle est basse à l'horizon. Toutes les planètes tournent autour du Soleil avec des périodes différentes de celle de la Terre. Ainsi, Vénus met 224,7 jours pour parcourir une orbite, tandis que la Terre met 365,24 jours. La position de Vénus dans le ciel change donc au fil du temps ; elle se montre parfois à l'est, parfois à l'ouest dans le ciel. Lorsque Vénus réapparaît dans le ciel nocturne en direction ouest, il est fréquent qu'à l'Observatoire du mont Mégantic, nous recevions des appels de gens ayant aperçu quelque chose d'étrange dans le ciel. Lorsque nous leur demandons la position céleste de l'objet, on constate aisément qu'il s'agit de Vénus. Il s'écoule environ 19 mois entre deux présences de Vénus dans le ciel du soir ou du matin.

En janvier 1996, *La Presse* avait publié un court article intitulé "Un ovni chez les Innus". Or, après quelques

vérifications, nous avions pu constater que ce qu'ils avaient vu était plutôt Vénus.

À l'occasion, des gens observent un autre point lumineux brillant et blanchâtre dans le ciel sans savoir qu'il s'agit de la planète Jupiter. Jupiter est la cinquième planète à partir du Soleil et la plus grosse des planètes de notre système solaire. C'est une immense masse gazeuse qui constitue le quatrième objet le plus brillant à pouvoir être vu à l'œil nu dans le ciel nocturne.»

Les étoiles peuvent aussi parfois surprendre des observateurs. Certaines sont plus brillantes que d'autres. Deux choses permettent de distinguer les étoiles des planètes. Monsieur Lamontagne nous explique. «La première est que les positions des étoiles sont fixes : elles ne bougent pas les unes par rapport aux autres. Nos ancêtres ont d'ailleurs tracé des figures à l'aide des étoiles : les constellations. En comparaison avec les planètes qui bougent lentement dans le ciel, les étoiles, elles, sont donc dites fixes. L'autre aspect qui distingue les étoiles des planètes est que les premières scintillent alors que les planètes brillent de façon constante. Les étoiles sont des boules gazeuses d'où elles tirent leur luminosité. Le scintillement est causé par la réfraction de leur lumière dans l'atmosphère de notre planète et le fait qu'elles se situent très loin de la Terre. Les planètes que nous pouvons apercevoir sont quant à elles plus proches de nous. La proximité de ces planètes fait en sorte qu'elles reflètent une lumière plus grande que les étoiles qui, elles, étant très loin, se présentent en formes moins imposantes dans le ciel. En passant, saviez-vous que les astronautes qui ont marché sur la Lune ne voyaient pas les étoiles scintiller dans le firmament ? C'est justement parce qu'il n'y a pas d'atmosphère sur cet astre. »

LES ENVIRONS DU MONT SAINT-HILAIRE : CURIEUX OVNIS À RÉPÉTITION

Réputée pour ses nombreuses observations d'ovnis, la région du mont Saint-Hilaire et des abords de la rivière Richelieu continue de faire parler d'elle. Fait étrange à signaler, le sol du mont Saint-Hilaire est en grande partie recouvert de magnétite qui aurait pour effet de modifier le champ magnétique du site. En plusieurs endroits sur le mont Saint-Hilaire, une boussole y perd carrément le nord ! Cela pourrait-il attirer les ovnis ?

UNE IMMENSE STRUCTURE NOIRE DANS LE CIEL

Lieu : Saint-Jean-sur-Richelieu, en Montérégie
Témoins : Patrick et son frère
(nom de famille préservé pour l'anonymat)
Type d'observation : rencontre rapprochée du premier type (RR1)
Date : 10 janvier 2008

Bien que ce fût en plein cœur de l'hiver, le temps était printanier ce soir-là. Le ciel était presque dégagé, à part quelques nuages. Il était 22 h 54. Patrick et son frère sortaient du restaurant Nic & Pic au coin de la rue Saint-Jacques et du boulevard du Séminaire, à Saint-Jean-sur-Richelieu. Un objet dans le ciel attira tout à coup leur attention. « On a d'abord vu une forte lumière blanche dans le ciel, à environ 150 m de nous. On a pu apercevoir ensuite une étonnante structure noire d'un diamètre d'une dizaine de mètres. On a compris que la lumière était à l'avant de cet engin bizarre. Mais ce fut de très courte durée. L'objet qui venait du nord s'est dirigé en quelques secondes vers l'est à très grande vitesse. Sur le coup, on est restés bien étonnés tous les deux. On s'est demandé ce que ça avait pu être. Ce fut très court et bien surprenant. Aujourd'hui, on en jase encore à l'occasion et on se dit que finalement, on a dû avoir la chance de voir un ovni ce soir-là ! »

UNE PHOTO IMPRESSIONNANTE

Lieu : Saint-Marc-sur-Richelieu, en Montérégie
Témoin : Claude Guilbault
Type d'observation : rencontre éloignée
du premier type (RRI)
Date : 2 août 2008

C'est un cas particulier que celui de Claude Guilbault. On ne peut dire qu'il a observé des ovnis, car il n'a constaté que plus tard, sur les photos prises ce jour-là, la présence de trois objets volant dans le ciel. C'était un samedi orageux vers les 17 h. Monsieur Guilbault avait décidé d'immortaliser en photo le vaste paysage champêtre qui allait bientôt disparaître derrière sa maison de Saint-Marc-sur-Richelieu au profit d'un nouveau projet résidentiel. Plus tard dans la soirée, le photographe décida de télécharger les photos sur son ordinateur. « C'est alors que j'ai aperçu une irrégularité sur une des images. Comme une tache. J'ai constaté que c'était plutôt un objet étrange qui se démarquait dans le ciel gris de ma photo, juste à la cime des arbres.

« Sa forme était allongée et sa couleur jaune orangé était très lumineuse. »

En focalisant sur les ovnis dans la photo originale, voici ce que l'on a pu découvrir. Les ovnis sont de couleur orangée et jaune très dense comme s'ils dégageaient une très forte chaleur. Le traitement numérique de la photo a été réalisé par François C. Bourbeau du Réseau Ovni-Alerte.

Sa forme était allongée et sa couleur jaune orangé était très lumineuse. Puis, en y regardant de plus près, j'ai pu remarquer deux autres objets plus haut dans le ciel, de couleur et de forme similaires. Comme il pleuvait quand j'ai pris la photo, je me suis dit que ça pouvait être des gouttes de pluie. Mais non, la couleur des objets ne pouvait pas porter à confusion. Et je savais que ce n'était pas un avion, car les photos suivantes, prises seulement quelques secondes plus tard, n'affichaient pas ces mêmes objets. Finalement, je me suis dit que j'avais été bien chanceux. Je crois bien que j'ai photographié des ovnis sans même le savoir.»

D'ailleurs, monsieur Guilbault se souvient d'une période dans sa jeunesse où il s'est intéressé aux ovnis. Il ne pensait vraiment pas que ce serait au moment de sa retraite qu'il en verrait finalement!

UN OBJET ACCROCHÉ À LA MONTAGNE...

Lieu : Mont-Saint-Hilaire, en Montérégie
Témoin : Jean Cantin
Type d'observation : objet diurne (OD)
Date : 16 mai 2007

C'était un mercredi qui s'annonçait comme les autres. Jean Cantin revenait à la maison après être allé chercher sa fille Florence à l'école. Il roulait paisiblement sur l'autoroute 20 en direction est. Il était 18 h 15 environ. Le temps était doux, le ciel clair et ensoleillé, la visibilité parfaite. Alors qu'il passait près du petit aéroport civil de Beloeil en bordure de l'autoroute, il porta son attention sur une construction dont il n'avait jamais noté la présence auparavant. «Je parlais au cellulaire en même temps que je tournais le regard vers *ma* montagne, comme je l'appelle. Sur son flanc, en plein centre, je remarquai tout à coup la présence d'une nouvelle construction, enfin, c'est ce que je me dis à ce moment-là. Je pensais qu'on devait être en train d'installer une nouvelle station météo à cet emplacement, ou quelque chose du genre. Elle semblait fixée à même le roc. C'était quand même bien étrange. La construction était immense, certainement 200 pieds [60 m] de long sur plus ou moins 150 pieds [45 m] de haut. Elle brillait au soleil comme du *stainless steel*.

 ... ce qu'il avait vu n'était pas une construction agrippée à la montagne.

J'ai eu le temps de voir qu'il y avait une espèce de joint, plutôt mince et carré lui, qui unissait la demi-coupole du haut à la demi-coupole du bas. Et c'était tout à fait immobile, ça ne bougeait pas d'un pouce. Je me suis alors demandé comment ils avaient pu construire quelque chose d'aussi impressionnant et aussi rapidement car je ne l'avais pas vue la veille, pas plus que je n'avais entendu parler de cette construction à la radio ni lu sur le sujet dans les différents journaux. »

Jean Cantin est rentré à la maison, hanté par ce qu'il venait de voir. Pourquoi avoir ainsi construit un bâtiment de cette envergure pour le fixer à même la pente la plus abrupte de ce versant du mont Saint-Hilaire? Le jour suivant, l'homme devait se rendre à l'évidence que ce qu'il avait vu n'était pas une construction agrippée à la montagne. « Le lendemain matin, quand j'ai repris la route, j'ai décidé, pour en avoir le cœur net, de prendre plutôt la route 116, parallèle à la route 20, mais plus rapprochée du mont Saint-Hilaire. Il n'y avait plus rien au même endroit. Rien, absolument rien! J'étais estomaqué! Craignant de passer pour un clown auprès des gens, je n'en ai parlé qu'à mes amis proches, en me disant que je finirais sûrement par lire quelque chose à ce sujet dans le journal ou entendre le fait rapporté à la radio ou à la télé. Eh bien, les semaines se sont écoulées, sans rien... Rien, pas un mot, pas un article. Je semblais le seul à avoir été témoin de cette mystérieuse apparition. Même qu'un jour de juillet où je devais appeler à mon poste de police local pour un renseignement, j'en ai glissé un mot à la policière au bout du fil, lui demandant si elle avait entendu parler de quelque manifestation que ce soit sur la

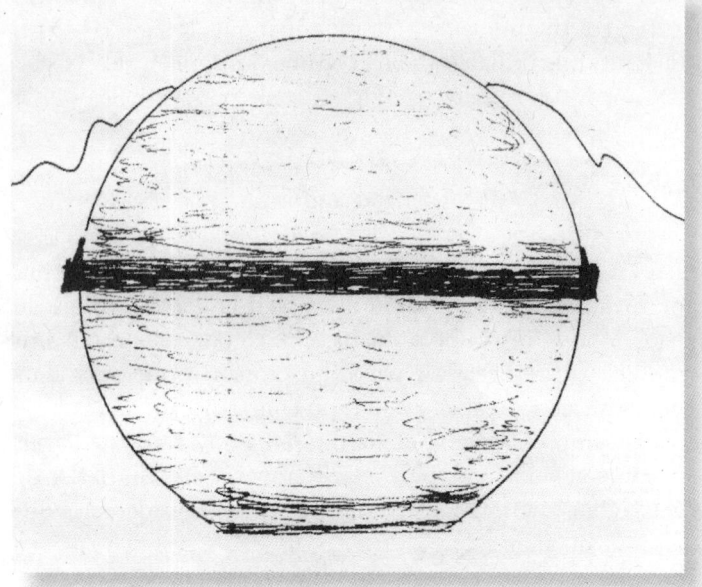

À notre demande, le témoin Jean Cantin a fait ce croquis de la structure qu'il a pu observer ce jour-là.

montagne le 16 mai précédent. Sa réponse fut un grand éclat de rire! Pourtant, moi, j'avais bien vu quelque chose, c'était en plein jour, je n'avais pas rêvé!»

Même si l'envie d'aller chercher des indices matériels sur la montagne l'a tenaillé un certain temps, le fait que cette excursion lui demanderait d'escalader à ses risques le difficile escarpement rocheux l'a finalement dissuadé de tenter la chose. «Au bout de quelques jours, j'ai été convaincu que j'avais vu un ovni ou plutôt un "oni"... un objet non identifié, puisqu'il ne volait pas... Ce que j'ai vu était étrange et inexplicable, mais je sais très bien que je l'ai vu!»

Puis, les jours, les mois ont passé. Jean Cantin n'a jamais entendu parler de quiconque ayant vu ce même objet étrange sur le flanc de son mont Saint-Hilaire au même moment que lui. Aujourd'hui, il est toujours convaincu de ce qu'il a vu ce fameux après-midi de mai 2007...

Le Coin du Sceptique

Météorites et étoiles filantes…

Les étoiles filantes ou les météores étonnent souvent par leur passage brusque dans le ciel. Parfois des débris, appelés météorites, atteignent même le sol, comme il semble que ce fut le cas dans la rivière des Outaouais le 27 juillet 2009. Des témoins parlaient d'une grosse boule de lumière tombée dans la rivière avec fracas. L'astronome Robert Lamontagne précise comment ce genre de phénomène peut parfois entraîner la confusion.

«Je ne crois pas qu'on ait retrouvé la probable météorite tombée dans la rivière des Outaouais, mais tout porte à croire que ce fut bien cela. On a parlé beaucoup d'un autre cas similaire. Le 14 juin 1994, un météore a explosé à une vingtaine de kilomètres au-dessus de la région de Sorel, et de gros fragments ont heurté le sol. Un résidant de Saint-Robert de Sorel en a même trouvé un gros morceau sur la ferme de ses parents. Une vingtaine de fragments ont été retrouvés dans les environs.

Il est bon de savoir qu'un météore est un résidu de l'espace qui entre dans notre atmosphère, généralement en se désintégrant. La friction de l'air causée par l'entrée dans l'atmosphère entraîne un échauffement des gaz, ce qui explique pourquoi le météore émet souvent une traînée lumineuse blanche.

Les étoiles filantes, ou les pluies d'étoiles filantes comme les Perséides, sont des grains de sable de petite taille qui se désintègrent complètement avant d'atteindre le sol. Leurs trajectoires sont toujours rectilignes et leurs apparitions ne durent que quelques secondes. Elles ne forment qu'une mince traînée lumineuse dans le ciel.»

DRUMMONDVILLE : UN SPECTACULAIRE DÉFILÉ D'OVNIS

Lieu : centre-ville de Drummondville
Témoin : Sylvain
Type d'observation : rencontre éloignée
du premier type (RRI)
Date : 25 juillet 2008

Autre cas unique et inusité, cette observation de multiples ovnis a duré des heures et n'a pourtant pas suscité de réactions de la part de potentiels nombreux observateurs. Pourtant, aux dires de notre témoin, les objets volants non identifiés qui ont parcouru le ciel durant de bonnes minutes étaient très apparents. Quelqu'un quelque part aurait-il pris en photos ces fameux ovnis ?

C'était un beau jour d'été en début de soirée. Le ciel était très clair, sans nuage. Sylvain sortit sur son balcon pour prendre une bouffée d'air. Il aperçut tout à coup trois objets inusités qui volaient très haut dans le ciel. Il nous donne plus de détails sur cette étrange observation.

« J'ai d'abord cru que c'était tout simplement trois avions gros porteurs de type Boeing ou autre. Mais j'ai vite constaté qu'ils n'avaient pas d'ailes. Ces gros appareils de couleur gris métallique et argenté n'émettaient pas de son ni ne produisaient de traces blanches derrière eux. Ils volaient tous trois dans la même direction, d'ouest en est, à très faible vitesse. Ils étaient presque stables tellement ils volaient

« C'est au moins une quinzaine d'engins bizarres qui sont passés dans le ciel. »

lentement. Au moment même où je les ai perdus de vue au loin, j'en ai tout à coup aperçu trois autres qui suivaient le même parcours. Puis, encore d'autres et d'autres.

En tout, c'est au moins une quinzaine de ces engins bizarres qui sont passés dans le ciel entre 18h et 19h30 ce soir-là. J'ai même eu le temps de monter sur le toit pour mieux les observer. Ils ne se suivaient pas de façon ordonnée comme une escadrille. Ils étaient plutôt éparpillés dans le ciel. Et j'en ai vu un mieux que les autres, car il volait à plus basse altitude. Il n'avait pas d'ailes, pas de hublots, pas de lumières, ni d'enseigne commerciale comme on le remarquerait sur un avion habituel. C'était impressionnant!

Ça ressemblait à un gros cigare. J'étais intrigué. Je me suis toujours dit que je ne pouvais pas avoir été le seul à avoir assisté à ce défilé d'ovnis, c'était impossible. Je suis finalement entré à l'intérieur même s'ils étaient encore là, tellement ils ne bougeaient pas vite. Ma voisine les a regardés de chez elle, elle aussi. Je l'entendais de la fenêtre de son balcon en parler au téléphone avec quelqu'un alors que j'étais en haut, chez moi, à me préparer à souper. Je l'ai même entendu dire à son interlocuteur : "Ça s'en va dans ta direction." Moi, de temps en temps, je ressortais dehors pour voir s'ils étaient toujours là, dans le ciel. Et c'était le cas ! Par contre, je n'ai jamais pu en reparler avec elle par la suite et je n'ai jamais entendu dire que quelqu'un d'autre avait assisté à cette curieuse procession. Pourtant, c'était tellement évident ! Je le répète, c'est incompréhensible qu'aucune autre personne n'ait vu la même chose que nous ! Vraiment bizarre ! »

Le coin du sceptique

Connaissez-vous les drones?

Certains objets volants non identifiés pourraient-ils être des appareils militaires? Le lieutenant-colonel Michel Brisebois, de la Force aérienne du Canada, nous parle des drones qui pourraient peut-être porter à confusion.

«Les drones peuvent être deux choses. Ce peut être entre autres des cibles que l'on relie par un câble à l'arrière d'un avion et qui permettent notamment de pratiquer des exercices de tir. Toutefois, si on voit un drone dans le ciel, on devrait habituellement voir à l'avant de celui-ci un avion militaire qui le tire. Les drones ressemblent à de longs cylindres en polystyrène ou en plastique, ils n'ont aucune lumière et ils sont généralement de couleurs voyantes, orangé par exemple. Si un drone en venait à se détacher de l'avion – ce qui serait inusité –, il chuterait vers le sol très rapidement. C'est principalement aux États-Unis que l'on utilise de tels drones, mais il peut arriver qu'on s'en serve au Canada. Auparavant, on les jumelait souvent aux avions Lockheed T-33, mais ces appareils ont été retirés de la

Petit véhicule aérien sans pilote Skylark.

Autre véhicule aérien sans pilote.

circulation au début des années 2000. Désormais, il est très rare de voir des avions tirer des drones au-dessus des terres canadiennes.

Les Forces armées canadiennes utilisent un autre type de drone en zone de guerre, par exemple en Afghanistan.

Appelés UAV [Unmanned Aerial Vehicle, ou « Véhicule aérien sans pilote »], ces drones sont des avions télécommandés de taille réduite qui peuvent entre autres survoler des zones dangereuses. Mais ce type d'appareil ne vole pas ici. Au Québec, les principaux avions de l'armée qui peuvent passer assez régulièrement au-dessus de nos têtes à grande vitesse sont plutôt les F-18, car ils sont basés à Bagotville, mais ils sont facilement reconnaissables.

Voici un autre scénario auquel on peut penser. Les petits avions téléguidés utilisés par des citoyens en général, aperçus de loin, peuvent étonnamment dérouter un observateur. Ils sont peu bruyants et, vus de loin, ils peuvent être difficiles à identifier clairement. C'est surprenant à quel point beaucoup de gens s'amusent avec ce type d'engins. »

DU LAC-SAINT-JEAN AUX CANTONS-DE-L'EST : DE FASCINANTES PHOTOS

Les ovnis prennent parfois des formes et des couleurs étonnantes. Ils se déplacent dans le ciel de façon tout aussi stupéfiante. Objet globuleux, boule lumineuse, long cigare métallique, soucoupe illuminée… Découvrons d'autres observations d'ovnis bien intrigantes.

BIEN PLUS QU'UNE TACHE SUR UNE PHOTO !

Lieu : Chicoutimi, au Saguenay–Lac-Saint-Jean
Témoins : Réjean Dubé et son épouse
Type d'observation : rencontre éloignée du premier type (RRI)
Date : 7 juin 2007

C'est seulement après avoir téléchargé sa photo de paysage sur l'ordinateur que monsieur Réjean Dubé a noté la présence, sur le cliché, d'un objet bien étrange dans le ciel. La photo avait été prise dans le secteur de Chicoutimi-Nord à 14 h 32 par une belle journée de printemps ensoleillée, alors que l'homme était en randonnée sur la rive du Saguenay avec sa conjointe. « C'est une habitude que j'ai de prendre beaucoup de photos. Au retour à la maison, mon épouse m'a lancé : "Regarde, il y a une drôle de tache sur celle-ci." On a alors agrandi cette partie de la photo pour finalement apercevoir cette espèce de long cigare de couleur métallique dans

Pour calculer la dimension d'un artefact visible dans une photographie, il est nécessaire d'utiliser la méthode nommée «calcul par triangulation». Il suffit d'identifier deux autres objets ou éléments présents dans cette même image. Ici, il a fallu retrouver la marque d'une camionnette garée sur le quai pour connaître sa longueur réelle, puis déterminer un deuxième élément utile pour pouvoir appliquer la méthode de calcul, c'est-à-dire la distance séparant la camionnette de l'appareil photo. Par une règle de trois, François C. Bourbeau du Réseau Ovni-Alerte a pu finalement évaluer la dimension de l'ovni photographié par monsieur Dubé: il devait faire 1,5 m de longueur.

le ciel. On pouvait même discerner une sorte de petit dôme sur le dessus, en l'agrandissant encore plus. Mais bon, moi, je demeurais quand même sceptique. En faisant des recherches sur Internet, mon épouse a découvert le site d'Ovni-Alerte à qui elle a envoyé le fichier. On nous est revenu en nous donnant un peu plus de détails sur cette photo, dont la mesure de l'objet par exemple. On a été bien surpris du résultat. Mais bon, on ne réussira probablement jamais à savoir ce qu'était véritablement cet objet, et ça demeure donc un mystère bien fascinant.»

PETITES BOULES BLANCHES MYSTÉRIEUSES

Lieux : Windsor et Sherbrooke, dans les Cantons-de-l'Est
Témoin : Gérald (nom fictif)
Types d'observation : OD (objet diurne) et rencontre éloignée du premier type (REI)
Date : d'avril à septembre 2009

Gérald a vécu quelque chose de bien étrange dans la ville de Windsor. Il nous raconte cette première expérience.

« C'était fin avril ou début mai, en plein jour. Je marchais lentement dans la rue tout en observant le ciel qui était plutôt dégagé. Quelque chose d'étrange a alors capté mon attention. Il y avait comme des petites boules blanches lumineuses qui se déplaçaient plutôt lentement entre deux gros nuages. Elles passaient de l'un à l'autre en ligne droite, faisant une pause d'une seconde à mi-chemin. Cela s'est passé trois fois de suite.

« J'étais figé, incapable de faire quoi que ce soit d'autre que de fixer cet appareil inconnu qui ne pouvait pas logiquement exister. »

J'avais presque oublié cet incident lorsque, le 21 juin 2009, la même chose s'est reproduite, à peu près au même endroit. Cette fois-là, j'étais assis sur un banc devant la caisse populaire de la rue Saint-Georges. Il devait être entre 20 h et 20 h 30. Encore une fois, trois petites boules blanches passèrent d'un nuage à l'autre en s'arrêtant à mi-parcours, pour disparaître finalement de ma vue. Tout ça était vraiment bizarre, pour ne pas dire plus... Mais je n'étais pas encore au bout de mes surprises. »

En effet, Gérald allait être témoin de bien plus encore.

« Cette fois-là, j'ai vu en plus des mêmes petites boules blanches, un gros ovni rectangulaire s'élever dans le ciel au-dessus du nuage derrière lequel les boules blanches allaient se cacher. L'engin me semblait d'une couleur grisâtre, et il avait quatre lumières à l'avant.

Sans faire aucun bruit et sans émettre aucune traînée de fumée ou de vapeur derrière lui comme l'aurait fait un avion, il s'est mis à voler tranquillement au-dessus de la ville en longeant la rue Saint-Georges, où je me trouvais. J'ai pu l'observer une bonne minute certainement, figé, incapable de faire quoi que ce soit d'autre que de fixer cet appareil inconnu qui ne pouvait pas logiquement exister.

J'étais sans voix, je ne pouvais réagir normalement. Il aurait fallu que je crie pour attirer l'attention des autres passants, mais ils étaient peu nombreux et très loin de moi... Et que se serait-il passé alors? Une panique générale? Ah! si j'avais eu mon appareil photo sur moi ce jour-là! Depuis, je peux vous dire qu'il ne me quitte plus!»

« L'engin volait à très haute altitude, à peu près à la hauteur des avions à réaction. »

C'est d'ailleurs pourquoi, la fois suivante, il a pu faire quelques clichés. C'était le 28 août 2009. Il était midi. Le ciel était d'un bleu intense. Gérald se trouvait dans le stationnement de la station de ski du mont Bellevue, à Sherbrooke, quand il a aperçu un objet mystérieux dans le ciel. Comme il avait son appareil photo avec lui, il eut le temps de prendre des images qui révélèrent assez bien l'étrangeté de ce qui évoluait sous ses yeux.

«J'ai eu le temps de prendre plusieurs photos. L'engin volait à très haute altitude, à peu près à la hauteur des avions à réaction.

Sur quelques photos, il ressemble bizarrement à un gros tube de verre avec des boules blanches à chaque extrémité. Trois jours plus tard, j'ai même pu refaire d'autres photos

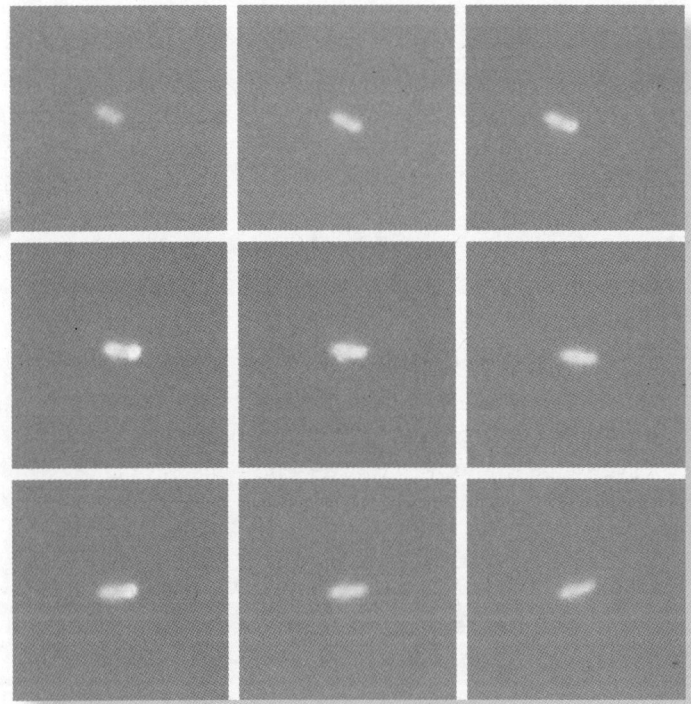

Le témoin a créé ce montage de neuf photos agrandies plusieurs fois pour mieux représenter ce qu'il a vu dans le ciel de Sherbrooke le 28 août 2009.

d'un objet similaire, exactement au même endroit et à la même heure. Et puis une autre fois le 18 septembre, au-dessus de la rue Larocque, à Sherbrooke. Je me suis dit que cela ne pouvait pas être un petit avion, parce qu'on ne voyait pas d'ailes sur les photos et que ça ne faisait aucun bruit. Et ça ne pouvait pas être non plus un avion à réaction, parce qu'il n'y avait aucune traînée blanche à l'arrière. Mais bon... avec le temps, pour me rassurer peut-être, je me suis dit qu'après tout ce ne devait être qu'un petit avion même s'il n'y avait pas de traînée de condensation... »

Le coin du sceptique

À quoi servent les ballons-sondes ?

Il peut arriver que des observateurs prennent pour des ovnis des ballons-sondes météorologiques. Martin Bélanger, chef des services en formation météorologique chez MétéoMédia, nous décrit ces outils environnementaux.

« Les normes de mesures environnementales sont régies par l'Organisation météorologique mondiale dans le but d'avoir une conformité universelle dans l'échange, le traitement et la normalisation des données.

Tous les ballons-sondes envoyés dans l'atmosphère le sont à heures fixes partout dans le monde, au moins deux fois par jour.

Ici, c'est Environnement Canada qui s'occupe des programmes d'envois des ballons. Les sites de ces activités ne se trouvent pas en centres urbains ni près des aéroports achalandés pour éviter toute collision possible. Ils sont situés à environ 400 km les uns des autres. Au Québec, il y en a un à Maniwaki, à Sept-Îles et à La Grande-4.

Les vents soufflent beaucoup plus fortement en altitude. Les ballons sont remplis d'un certain gaz et ils transportent des instruments au bout d'une corde. En s'élevant grâce au gaz et puisque les vents peuvent souffler à une vitesse de 200 à 400 km/h, les ballons peuvent se déplacer sur une grande distance et leur trajectoire ne sera presque jamais la même, selon la direction du souffle des vents. Ils vont se déplacer ainsi jusqu'à ce qu'ils éclatent. Le diamètre moyen d'un ballon-sonde lâché dans l'atmosphère est d'environ 2 m. Or, puisque la pression est inférieure au fur et à mesure qu'on s'élève dans l'atmosphère, cela agit sur le gaz capturé dans le ballon et va le faire grossir pour atteindre un diamètre de 6 à 8 m avant d'exploser. Les instruments de mesure contenus dans une boîte de la grosseur approximative d'un ballon de soccer et attachés au ballon-sonde à l'extrémité d'une corde d'environ 25 m vont alors redescendre vers le sol, soutenus par un petit parachute. Un ballon-sonde peut monter à des altitudes de 35 km dans des cas extrêmes. De plus, il peut parcourir jusqu'à 300 km (à partir du point d'origine) en l'espace de deux heures ou moins (dépendant de la vitesse et de la direction des vents).

Les ballons-sondes servent à mesurer la température, l'humidité, la vitesse et la direction des vents à différents niveaux de l'atmosphère, et ils transmettent ces données aux agences météo grâce à un émetteur.

Il faut savoir qu'il est possible de voir des ballons-sondes dans le ciel près du site où ils sont relâchés. Par contre, dès qu'ils s'élèvent dans l'atmosphère, ils deviennent de moins en moins visibles, voire impossibles à discerner. »

EN GASPÉSIE :
PLUS DE MYSTÈRE ENCORE

À en croire les descriptions d'observations faites en Gaspésie, il s'y passerait régulièrement d'étranges phénomènes, et cela, depuis longtemps. Les abords de la mer y seraient-ils pour quelque chose ? La visibilité y serait-elle meilleure du fait que l'horizon s'y projette jusqu'à l'infini ? Les routes de campagne peu fréquentées et si sombres la nuit seraient-elles idéales pour la manifestation d'inquiétants objets lumineux ? De cette région nous provient également un cas unique de fulgure ou de *rod*, immortalisé par hasard sur pellicule par une photographe.

LA PEUR DE SA VIE

Lieu : Saint-Godefroi, en Gaspésie
Témoins : Steve et sa copine
Type d'observation : lumière nocturne (LN)
Date : 1997 ou 1998, été 2001, avril 2008, septembre 2009

C'était un beau soir d'été en 1997 ou 1998, vers 22 h. Steve s'en allait reconduire sa copine chez elle, sur la côte de la baie des Chaleurs. À l'époque, il demeurait encore chez ses parents, dans un rang à la campagne à quelques kilomètres de Saint-Godefroi. Pour ramener sa belle chez elle, il avait le choix de prendre trois routes qui menaient vers le village : la route de l'Église ou deux autres chemins de terre battue plus isolés. Steve avait opté pour un des chemins de campagne, question de prendre son temps. Ce chemin avait une forte pente. Le jeune homme nous raconte ce qui est alors arrivé.

 « C'était comme si quelque chose retenait mon auto, la tirait, lui drainait son énergie. »

« On jasait en roulant doucement, sans inquiétude. On était en train de monter la côte quand tout à coup une grosse lumière très vive est passée à la gauche de mon auto. Elle était assez proche que ça aurait pu être les phares d'une voiture que l'on rencontrait. Mais ce n'était pas ça. La lumière était trop claire, trop intense et bleutée. Elle était bien plus grosse qu'une voiture entière, d'ailleurs.

J'ai continué à monter la pente pendant que ma copine et moi, on se demandait bien ce que ça pouvait être. Je n'ai pas réagi tout de suite, sur le coup, mais je regardais nerveusement de côté et dans mon miroir en me demandant ce qui venait de se passer. Puis là, soudain, la lumière est réapparue et s'est mise à nous suivre au-dessus de la voiture.

En passant près d'une terre, il faisait tellement clair qu'on pouvait distinguer les bêtes dans le champ comme en plein jour. Je ne paniquais pas encore. Je me demandais plutôt ce qui se passait. J'avais dans ce temps-là une petite Toyota Tercel 1992 qui n'était pas une voiture très puissante, mais bon, elle montait puis descendait quand même cette côte-là sans problème habituellement. Je l'ai mise en troisième vitesse et j'ai écrasé la pédale au plancher pour descendre la pente au plus vite. Mais là, la lumière était bien présente, elle disparaissait, elle réapparaissait, elle disparaissait et elle repartait encore. J'ai commencé à paniquer... parce que ma voiture n'avait presque plus de puissance! En cinquième vitesse, elle ne réussissait même pas à atteindre 90 km/h. Le moteur forçait sans bon sens, il n'avait plus de force, c'était comme si quelque chose retenait mon auto, la tirait, lui drainait son énergie.

« Ça veut dire que la fameuse lumière, elle s'en venait bien droit dans ma direction ! »

Même les lumières du tableau de bord faiblissaient. Ma radio fonctionnait par intermittence. Puis, quand je suis arrivé à l'intersection de la route 132, je me suis arrêté sec et je suis vite sorti de la voiture. Il n'y avait plus rien. Je n'ai rien vu. Rien ! La lumière n'était plus là, même pas toute petite. Nulle part dans le ciel. Je ne comprenais rien à ce qui venait d'arriver. Pas mal ébranlé, je suis quand même allé reconduire ma blonde chez elle. Mais là... ensuite... il fallait que je revienne à la maison ! Ça ne me tentait pas du tout de reprendre cette route. Pas du tout ! Il était encore moins question de prendre l'autre chemin de terre qui était beaucoup moins carrossable. Je me suis dit, s'il m'arrive quelque chose là, je ne pourrai pas rouler bien vite pour me sauver. J'ai donc décidé de prendre la route principale, la route de l'Église, une route asphaltée qui me demanderait un peu plus de temps mais que tout le monde empruntait. Au moins, là, j'avais plus de chance de croiser d'autres automobilistes. Puis, en tournant ma voiture vers le nord pour reprendre la route, j'ai soudain aperçu une lueur bleutée au loin. Identique à cette lumière qui m'avait suivi. C'était certainement elle, encore. Il faut savoir que je demeurais dans le rang 3 et que j'apercevais cette lueur-là à la hauteur du rang 2, à peu près. Où c'était, ça ? Justement sur la route que je voulais prendre pour m'en retourner. Ça veut dire que la fameuse lumière, elle s'en venait bien droit dans ma direction !

« Je ne voulais pas retourner là, j'étais encore très effrayé. J'avais eu bien trop peur pour revivre ça une autre fois. »

À ce moment-là, j'ai paniqué pour vrai. J'avais juste une idée en tête : retourner chez moi au plus vite ! Et être certain de ne pas la croiser une autre fois. Alors, je suis parti à toute vitesse et je me suis rendu chez moi à 160 km/h. C'est bizarre, parce que je n'ai plus eu aucun problème avec la puissance de mon auto. Il n'y avait plus rien qui la retenait. Quand je suis arrivé chez mes parents, ma mère m'a regardé et m'a dit tout de suite : "Mais Steve, qu'est-ce qui t'arrive ? Ça va pas toi ?" Elle se rendait bien compte que quelque chose n'allait pas. Je leur ai raconté mon histoire et mon père a dit : "Viens, on va aller voir." Je lui ai dit que non, il n'en était pas question. Je ne voulais pas retourner là, j'étais encore très effrayé. J'avais eu bien trop peur pour revivre ça une autre fois. Mais bon, finalement, mon père m'a convaincu d'y aller en sa compagnie et prudemment. J'ai quand même pris soin d'attraper ma carabine de chasse au passage. Au cas où. Mais il n'y avait plus rien. J'ai refait exactement le même trajet avec mon père et on n'a rien vu du tout. C'était paisible comme une nuit noire de campagne. Mais je peux vous dire que depuis ce temps-là, moi, je ne suis plus jamais repassé par là la nuit ! Disons que, maintenant, elle est rayée de ma liste, cette route-là. »

Mais Steve n'en était pas à une surprise près. D'autres phénomènes étranges allaient se produire dans sa vie dans les années qui suivraient. Certaines de ces observations ont fait en sorte qu'il en est venu à se poser de sérieuses questions sur l'existence des ovnis. Au cours de l'été 2001, son coin de pays allait être à nouveau le théâtre d'apparitions bizarres. Il nous en livre quelques détails.

« En ce temps-là, je vivais à Montréal et j'étais revenu pour quelques jours en Gaspésie. Mon père m'avait raconté que, depuis une semaine, quand il se levait la nuit, il apercevait toujours un drôle d'objet lumineux à l'horizon, côté sud-ouest. C'était gros et très clair, disait-il. Alors je lui ai proposé de venir me réveiller la nuit suivante s'il assistait encore à cette même manifestation. Et comme prévu, l'engin était bien là, devant nous, la nuit venue. On a même pu l'observer une semaine entière. C'était argenté et chromé, mais très lumineux en même temps. Ça ne faisait aucun bruit. Je suis certain que ce n'était pas une planète. Ça bougeait, oui, oui, ça bougeait. Ça allait d'un point A à un point B très rapidement, pour disparaître tout à coup. Ça se passait toujours quelques minutes après minuit. C'était très bizarre. On n'a jamais pu savoir ce que c'était. »

Et le ciel ne semblait pas avoir dit son dernier mot. En 2008, Steve allait vivre un autre incident similaire.

 « C'était assez troublant. On s'est bien demandé ce qu'on avait pu voir. On ne l'a jamais su... »

« Cette fois-là, c'était un soir d'avril, vers 1 h du matin. J'avais vu une drôle de lumière à la cime des arbres devant la maison. J'étais vite allé chercher mes jumelles dans ma chambre pour mieux voir la chose, mais à mon retour la lueur avait complètement disparu. Le phénomène n'avait duré que quelques secondes.

J'ai décidé de ne pas en faire trop de cas. Mais, quelques jours plus tard, alors que je me promenais avec mon père, on a rencontré la voisine sur notre chemin. Elle demeurait à peu près à 800 pieds [250 m] de chez nous, en haut d'une côte. Elle nous a alors raconté que, deux jours auparavant, elle avait remarqué une étrange lumière très claire dans le champ juste en face de chez elle. J'ai tout de suite compris que c'était au même moment où j'avais moi-même assisté à cette scène étonnante. Pourtant, je ne lui en avais pas du tout parlé. Alors, je n'étais donc pas le seul à avoir observé cet ovni. Elle a ajouté qu'elle avait même vu cette lumière se promener, au sol, dans le champ. C'était assez troublant. On s'est bien demandé ce qu'on avait pu voir. On ne l'a jamais su...»

Et ça n'est pas tout... Steve termine en ajoutant avoir eu droit à une autre observation étonnante la nuit du 10 septembre 2009 alors qu'il était en compagnie de son père. En l'espace d'une minute, une grosse boule lumineuse orangée aurait alors traversé le ciel sous leurs yeux ébahis.

Qu'était-ce? Cela demeure encore un mystère dans sa vie.

À la lumière du témoignage de Steve, le moins que l'on puisse dire, c'est que la Gaspésie semble bien être un site prisé des ovnis de passage.

« J'AURAIS PRÉFÉRÉ N'AVOIR JAMAIS ÉTÉ TÉMOIN DE CELA ! »

Lieu : Caplan, en Gaspésie
Témoin : Debby (nom fictif)
Type d'observation : rencontre éloignée du premier type (REI)
Date : 7 avril 2000

La nuit de son observation, Debby séjournait dans une auberge champêtre près de Caplan, un petit village situé dans la baie des Chaleurs, en Gaspésie. Sa chambre était au deuxième étage. Ce soir-là, avant d'aller au lit vers 1 h du matin, elle est allée à la fenêtre pour y admirer la nuit étoilée. Toute une surprise l'y attendait ! Elle nous raconte cet événement inoubliable.

« J'ai soudain vu dans le ciel un étrange engin muni de lumières qui tournoyaient sous son disque. Il semblait être sorti de la Grande Ourse et il s'approchait très vite.

 « Je n'ai pas vu un seul de ces objets volants insolites, j'en ai vu cinq ! »

Il est descendu par paliers un certain temps pour ensuite repartir à une vitesse complètement folle vers le nord. Est-ce que ce pouvait être un ovni ? Je ne croyais pas à ce genre de phénomènes. J'en avais bien entendu parler, mais imaginer que j'en verrais un jour... Je n'aurais même pas pu inventer une scène comme ça, je ne savais pas ce que c'était avant ce jour-là. Par contre, je savais que ce n'était pas un ballon-sonde, pas un avion, pas un hélicoptère, ça j'en étais certaine !

Et plus étonnant encore, c'est que je n'ai pas vu un seul de ces objets volants insolites, j'en ai vu quatre autres par la suite ! Oui, ils étaient cinq en tout ! Les quatre premiers provenaient de l'est et se dirigeaient vers le nord. Ils étaient

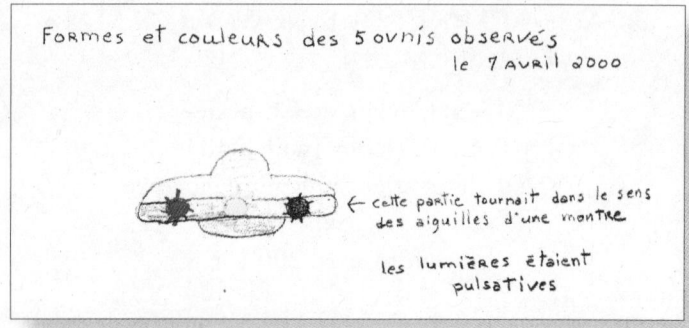

Debby a bien voulu reproduire l'un des ovnis qu'elle a aperçu ce soir-là. (Ce croquis est une gracieuseté du Réseau Ovni-Alerte.)

tous identiques. Un immense objet circulaire de couleur grise, avec des lumières rouges, bleues et jaunes très intenses qui tournoyaient sous la coupole par genre de pulsations.

J'en ai vu cinq en une heure environ. Ils apparaissaient à intervalle d'à peu près 10 minutes. Par contre, le dernier ovni que j'ai vu provenait, lui, plutôt de l'ouest, et bien qu'il m'apparût semblable aux autres, il semblait bien plus volumineux. Comme les autres, il a aussi continué sa route vers le nord. Ils sont tous disparus dans le ciel de la même façon. C'était tout simplement incroyable, je notais tout dans un cahier en observant ce que je voyais. Je ne voulais rien oublier. À un moment donné, je suis descendue pour réveiller un client qui séjournait dans une chambre au premier étage et que je connaissais. Il m'a refermé sa porte en me disant: "Tu me conteras ça demain matin, je crois pas à ça les ovnis, va te coucher, ç'a pas d'allure ton histoire!" Alors je me suis précipitée dehors, mais il était trop tard. Il n'en est pas venu d'autres. J'étais bouleversée. Presque en état de choc. À qui raconter ça sans qu'on se pose des questions à mon sujet? Pourtant, je les avais bien vus, ces ovnis.»

Le lendemain, Debby retourna à l'extérieur près de l'endroit que les ovnis avaient survolé, dans l'espoir d'y trouver des preuves de leur passage. Mais il n'y avait rien. «Je me suis même rendue au-delà de la colline qui longeait le terrain

«Je demeure perturbée par ce que j'ai vécu et je me sens bien seule.»

de l'auberge, au cas où j'y trouverais quelque chose. Il y avait une maison abandonnée, mais rien d'autre. Il y avait aussi un terrain plus loin qui appartenait au ministère de l'Énergie, des Mines et des Ressources, je me suis demandé si ça pouvait être en lien. Je n'ai rien vu là non plus qui pouvait me donner des indices sur ce que j'avais observé.

Aujourd'hui, je fais encore des cauchemars liés à cette inquiétante observation. Je demeure perturbée par ce que j'ai vécu et je me sens bien seule.

Je ne sais à qui me confier, je ne sais à qui le dire pour qu'on me croie. Toutefois, je sais une chose. Il faut que j'aie vraiment vécu ça pour l'avoir en mémoire ainsi; je n'aurais jamais pu inventer quelque chose du genre, c'est certain. Et aujourd'hui, je peux même vous dire que j'aurais préféré ne jamais vivre cette expérience. Cela m'a profondément marquée.»

Avez-vous déjà vu un nuage lenticulaire?

Parmi les nombreux aspects que peuvent adopter les nuages, la forme lenticulaire constitue certainement celui qui crée le plus de méprise. La consistance laiteuse et les ovales similaires à une soucoupe volante peuvent aisément porter à confusion. En plus, de tels nuages demeurent souvent presque immobiles au sommet d'une onde stationnaire produite par un vent pulsé vers le ciel le long du flanc d'une montagne.

Autre phénomène atmosphérique qui peut entraîner une certaine confusion, les halos dessinent parfois des images mystérieuses dans le ciel. Ces halos sont habituellement causés par une réfraction des rayons lumineux du soleil sur des cristaux de glace en suspension dans l'air. Ils peuvent tracer, entre autres, une sorte de couronne autour du soleil.

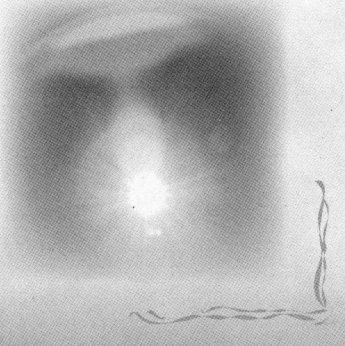

ET SI C'ÉTAIT UN *ROD* ?

Lieu : Pabos-Mills et Paspébiac, en Gaspésie
Témoin : Charlène Roussy
Types d'observation : entité vivante volante (fulgure ou *rod*) et rencontre rapprochée du premier type (RR1)
Date : 4 juillet 2009

Charlène Roussy est photographe et vit en Gaspésie. Certaines photos qu'elle prit au bord de la mer au cœur de l'été 2009 entre 10 h 51 m 36 s et 10 h 51 m 47 s allaient lui causer toute une surprise. Elle se trouvait sur la plage de Pabos-Mills et avait installé son appareil photo sur un trépied dans le but d'immortaliser des clichés de la mer et des vagues qui venaient heurter les rochers. La vitesse d'obturation de l'appareil était de 1/3 de seconde et l'ouverture du diaphragme de f36.

 « C'est pour cela que je me suis dit que ce ne pouvait pas être un oiseau. »

« Je voulais avoir un effet de flou artistique sur les vagues. À ce moment-là, j'étais tellement concentrée sur la mer et les photos à prendre que je n'ai pas vu ce qui passait au loin dans le ciel gris. C'est seulement quand j'ai téléchargé mes photos sur mon ordinateur, en soirée, que j'ai eu la stupéfaction de remarquer cette forme étrange qui avait bougé d'une photo à l'autre. J'ai d'abord cru à une tache sur mon écran d'ordinateur, puis sur l'objectif de mon appareil, pour finalement me rendre compte que cette série de photos prises à un intervalle d'une milliseconde chacune – il faut savoir que je maintenais mon doigt enfoncé sur l'obturateur pour obtenir plusieurs photos en rafale – démontrait que la chose s'était déplacée et, en plus, à une vitesse impossible pour la technologie humaine. C'était carrément trop rapide. Et sur cinq photos, la tache avait non seulement avancé très rapidement, mais elle avait aussi

Ces photos furent prises par Charlène Roussy. Observez l'étrange chose dans la partie supérieure gauche de la photo, que vous pouvez mieux distinguer sur la photo agrandie.

changé d'apparence ! C'est pour cela que je me suis dit que ce ne pouvait pas être un oiseau.

Sur les photos, on devrait au moins voir le corps de l'oiseau ou une masse plus dense, alors que ce n'est pas du tout le cas : la chose semble très aérienne et presque diaphane. Comme un voile. On perçoit un certain mouvement de rotation autour d'un axe central légèrement plus sombre, mais pas assez pour représenter un corps. Cette chose bougeait, c'est clair. On voit très bien qu'elle était en mouvement. Si c'était un oiseau, ça voudrait dire qu'il aurait volé à une vitesse exceptionnelle. Et je n'ai vraiment pas vu d'oiseau voler au loin quand je prenais ces images. En plus, j'ai déjà fait des photos à longue exposition où des oiseaux passaient dans mon champ de vision et ce n'est vraiment pas l'effet visuel que ça donne. On peut y voir au moins une sorte de V formé par les ailes. Alors... si j'avais plutôt photographié véritablement un *rod*, une sorte d'entité vivante volante inconnue ?

En tout cas, sérieusement, je me pose encore la question ! »

Ce n'était pas la première fois que Charlène avait l'occasion de faire une observation mystérieuse. Alors qu'elle n'avait que six ou sept ans et qu'elle s'amusait avec des amis à l'extérieur, elle fut témoin d'une apparition fort inusitée. Elle s'en souvient très bien.

« C'était le réveillon de Noël dans la maison familiale à Paspébiac. La fête était à son apogée; nous étions plusieurs dans la maison. Je suis allée jouer dehors à un moment donné avec mes cousins et mes cousines. On était sept ou huit enfants. On jouait probablement à la tag, en tout cas je me souviens que l'on courait beaucoup dans tous les sens quand, soudain, un grand objet dans le ciel a capté notre attention au point de s'arrêter tous en même temps pour lever les yeux vers l'engin étrange. On est restés figés certainement une ou deux minutes sans parler, sans bouger. On ne comprenait pas ce qu'on voyait. C'était un objet immense d'une forme ovale aplatie, certainement d'un diamètre d'une douzaine de mètres, et une lumière tournait tout autour de sa coupole. Ça se tenait à la hauteur de la cime des arbres ou à peu près à celle du toit de la maison et ça ne bougeait pas. Il n'y avait aucun bruit. Tout d'un coup, on s'est tous précipités vers la maison pour aller raconter ça à nos parents.

Je n'oublierai jamais ce que ma mère, les yeux un peu rougis par la fête, m'a répondu après que je lui ai dit: "Maman, maman, on vient de voir une soucoupe volante!" Elle m'a lancé: "Bon OK, toi t'es bien mieux d'aller te coucher maintenant!" Je suis plutôt retournée à la fenêtre pour aller voir de nouveau cet ovni, mais il n'y avait plus rien. Il était parti. Il n'est jamais revenu.

Je me rends compte aujourd'hui que l'on ne s'est jamais reparlé de cette histoire entre cousins et cousines. Comme si ce qu'on avait vécu ce soir-là était tabou, secret. Mais moi, en tout cas, je n'ai jamais oublié. Ça ne s'oublie pas, un instant pareil, une vision pareille! »

Le coin du sceptique

Que peut être ce flou sur une photo?

Certains effets artistiques peuvent donner d'étranges résultats en photographie. Il arrive même qu'une personne prenne un tel cliché sans avoir voulu créer ce type de flou. Un oiseau qui passe, une personne qui court, un chien qui s'élance, tout cela peut donner un effet inattendu à une photo. Monsieur Daniel Dupont, photographe professionnel et professeur en photographie au collégial, nous explique ce qu'il en est.

«Les photos prises au bord de la mer à une vitesse d'obturation lente peuvent souvent donner à un oiseau qui vole un effet flou. Surtout dans le secteur de la Gaspésie où de grands oiseaux comme les fous de Bassan et les goélands marins volent en haute mer sur plusieurs kilomètres. Obtenir un tel effet de flou sur une photo est relativement simple. Pour figer un mouvement, on doit prendre la photo à une certaine vitesse selon la rapidité de l'objet ou de l'être vivant. Ainsi, pour bien figer un oiseau en vol et le distinguer clairement, disons pour un grand oiseau marin, il faut que la vitesse d'obturation ne soit pas plus rapide que 1/500 de seconde. Donc, à 1/3 de seconde, on est à huit vitesses et demie au-delà de la vitesse nécessaire pour figer l'animal. L'impression de mouvement, qu'on appelle filé ou flou de bougé en photographie, sera ainsi tout à fait normale. On parle de filé lorsque ce n'est qu'un objet ou quelques objets qui bougent dans la photo, alors que dans un flou de bougé, c'est l'image entière qui est touchée par le mouvement.

Il est bon de savoir également que 1/60 de seconde est la vitesse d'obturation la plus lente qu'on peut utiliser

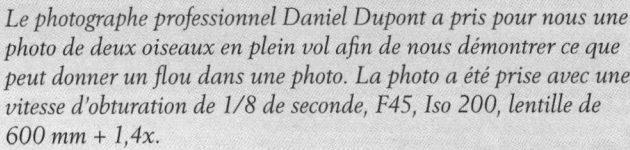

Le photographe professionnel Daniel Dupont a pris pour nous une photo de deux oiseaux en plein vol afin de nous démontrer ce que peut donner un flou dans une photo. La photo a été prise avec une vitesse d'obturation de 1/8 de seconde, F45, Iso 200, lentille de 600 mm + 1,4x.

à main levée sans risquer de faire apparaître un flou de bougé qui serait provoqué par notre propre mouvement corporel. À 1/125 de seconde, on peut figer quelqu'un qui marche, à 1/250 quelqu'un qui court, à 1/500 un sportif un peu plus rapide – par exemple un joueur de soccer – et à 1/1000 de seconde on sera en mesure d'immobiliser le mouvement d'une voiture de course. Par ailleurs, entre une vitesse d'obturation de 1/3 et une de 1/60, il y a d'autres vitesses possibles à 1/4, 1/8, 1/15 et 1/30 de seconde qui, toutes, risquent de causer des flous de bougé plus ou moins importants. En conclusion, on peut déduire qu'à une vitesse d'obturation de 1/3 de seconde, il est fort possible de capter le long mouvement continu qui donne un effet de déplacement d'un oiseau volant dans le ciel. »

RENCONTRE EXCEPTIONNELLE DU TROISIÈME TYPE

Il existe peu de cas de RRIII du genre répertoriés au Québec. Natalie (nom fictif) n'avait pas parlé de ces expériences traumatisantes auparavant. Elle nous livre ici un témoignage bouleversant sur les événements qui ont ébranlé sa vie.

Natalie est née à Montréal en 1971. À l'époque, lorsque sa toute jeune mère est tombée enceinte, elle vivait un dur conflit avec sa famille qui n'acceptait pas sa condition. En ce temps-là, les travailleurs sociaux proposaient aux familles de placer les jeunes filles enceintes dans des maisons tenues par les religieuses où elles seraient prises en charge. La mère de Natalie s'est donc retrouvée dans une maison des naissances à Montréal où les filles-mères étaient malheureusement maltraitées et devaient obligatoirement donner leur enfant à l'adoption. Il n'y avait aucune autre option. Ainsi, Natalie a été adoptée à l'âge d'un mois. Elle a grandi dans l'environnement catholique d'une gentille famille de Montréal. Pourtant, malgré la bonne ambiance de ce foyer, Natalie n'a pas connu une enfance paisible. Elle nous raconte les premiers souvenirs de ses tourments. « J'ai commencé à vivre des terreurs nocturnes alors que j'étais encore très petite. J'ai vite découvert comment je pouvais grimper hors de ma couchette pour contrer la peur terrible qui me terrassait à l'idée que quelque chose de négatif tentait de m'atteindre dans mon petit lit. Ça a duré des années. Un peu plus tard, j'en suis venue à penser que j'étais hantée. J'ai même imaginé que le diable en avait après moi. Je rêvais souvent à des êtres diaboliques qui me dévoilaient que mon âme leur appartenait. Plus étrange encore, j'ai rêvé une nuit que j'étais enlevée par un homme qui m'emmenait dans le magasin de jouets d'une immense tour située dans l'espace, peut-être même sur la Lune. »

 « Mes sens semblaient totalement inversés. »

Les nuits de Natalie allaient devenir de plus en plus ténébreuses. Elle se souvient d'avoir souffert une fois de paralysie pendant son sommeil, avec le sentiment d'être attaquée par un sombre être cagoulé qui tentait de l'étrangler. Et le pire était encore à venir.

« Une nuit, j'ai été réveillée par une lumière éblouissante provenant de l'extérieur qui traversait la fenêtre de ma chambre pour illuminer toute la pièce.

J'entendais également un son particulier, un "hum" qui semblait rythmé par des battements de cœur. J'étais terrifiée. Ça a duré des heures et la peur m'empêchait de bouger. Je retenais ma respiration, je me faisais toute petite sous mes couvertures, souhaitant tomber endormie pour ne pas voir ce qui s'en venait. Et mystérieusement, j'ai vraiment oublié ce qui est arrivé par la suite...

Par contre, je me souviens d'avoir changé. Je vivais de drôles d'expériences qui me donnaient l'impression que je sortais de mon corps, comme si je n'étais qu'une boule d'énergie. Je n'avais pas de forme, je n'étais qu'énergie. Mes sens semblaient totalement inversés.

J'avais l'impression de sentir les couleurs et de goûter les sons. C'était impossible à expliquer à mes parents. Surtout qu'ils ne croyaient en rien à tout ce qui pouvait toucher le paranormal. Ils ne croyaient pas aux fantômes, encore moins aux extraterrestres. J'ai donc continué d'être une enfant différente. Ma réalité avait changé. J'avais l'impression d'être en perpétuelle bataille spirituelle pour me sauver, corps et âme. Je dormais peu. Je craignais le sommeil. J'étais de plus en plus fatiguée. Mes notes à l'école s'en ressentaient. Mon professeur m'avait même surnommée Mademoiselle Lune.

« Certains réussissent à s'en sortir et à se libérer de l'emprise de ces êtres mystérieux. »

Puis, un soir, ce fut le choc. Je regardais une émission à la télé où des gens racontaient avoir été enlevés par des extraterrestres. J'ai été complètement stupéfaite. Certaines histoires concordaient tellement avec la mienne... Soudain, je ne me sentais plus seule. Tout me semblait possible, et ce que j'avais vécu, réel. Cependant, j'ai vite constaté qu'il n'était pas vraiment facile de prendre contact avec les gens qui avaient vécu les mêmes expériences que moi. Plusieurs d'entre nous semblent vivre sous un étrange contrôle permanent et demeurent reclus dans l'isolement le plus complet. Certains, par contre, réussissent à s'en sortir et à se libérer de l'emprise de ces êtres mystérieux.

Ce n'est pas facile d'y arriver quand on est seule, mais j'ai su plus tard que c'était possible. »

Natalie a atteint la vingtaine, transportant toujours ce bagage de tracas et de problèmes liés à ses expériences passées. Mais rien ne semblait vouloir se tasser pour l'instant.

 « Ce fut une expérience bien réelle et très physique dont je me rappelle encore chaque seconde. »

Tout continuait de plus belle. « Je me souviens d'une nuit terrible. J'ai eu le sentiment d'être électrocutée sur mon lit d'eau alors que trois petites silhouettes sombres et bizarres se tenaient tout à côté et m'observaient. J'étais incapable de réagir. Ils m'ont appliqué sur la tête un genre de casque et quelque chose dans la bouche pour retenir ma langue. C'était comme si je flottais dans l'eau de mon lit. J'ai ensuite reçu des chocs électriques qui m'ont traversé le corps de la tête aux pieds, et ça s'est répété toutes les deux secondes durant des heures. Quand tout fut terminé, j'étais totalement épuisée. J'en ai vomi un liquide clair bizarre. Ce fut une expérience bien réelle et très physique dont je me rappelle encore chaque seconde. »

Des réponses à ses questions

À l'âge de 25 ans, Natalie perdait sa mère qu'elle aimait tant. Sur son lit de mort, celle-ci lui souffla : « Tu dois absolument retrouver ta mère biologique, cela va t'aider à savoir qui tu es. » Natalie entreprit donc des recherches, et elle apprit vite que sa mère biologique la cherchait également. Les retrouvailles furent émouvantes et heureuses. Puis, Natalie posa à sa mère la question qui lui brûlait les lèvres : « Croyez-vous aux extraterrestres ? » Et sa mère de lui répondre : « Pas toi aussi ! » Natalie sut alors qu'elle n'était pas seule dans sa situation. Dans sa famille biologique, plusieurs avaient vu des ovnis, fait des rêves inexplicables ou des rencontres étranges, similaires à ce que la jeune femme avait vécu.

À la suite du décès de son père adoptif, Natalie décida de déménager en Gaspésie auprès de sa famille biologique. Père biologique, frères, sœurs, oncles et tantes semblaient tous avoir des histoires d'ovnis et de rencontres extraterrestres toutes plus étonnantes à raconter les unes que les autres. Natalie allait en conclure qu'elle était née dans une famille de «contactés».

«Quand je suis déménagée, j'ai vécu quelques mystérieux événements avant que les choses se calment. Puis, on dirait que mon retour dans ma famille a apaisé ma vie. Un soir où je prenais tranquillement un café avec ma mère biologique dans la cuisine, nous avons toutes deux vu une lumière très vive qui ne bougeait pas, dans le ciel.

Quand je me suis levée pour aller chercher ma caméra, la lumière s'est mise à s'éloigner lentement, descendant alors derrière les arbres et les maisons pour disparaître complètement. Comme si ça sortait de ma vie...

Mes retrouvailles avec ma famille biologique semblent avoir apporté une certaine paix dans ma vie. Les rencontres et les apparitions se sont arrêtées. Un jour, j'ai rencontré un homme au Texas qui m'a beaucoup aidée. Il m'a appris à me méfier des gestes posés sur ma personne par des êtres mystérieux et à refuser ces pensées qu'ils ont tenté de me glisser en tête. C'est que je fais depuis, et je m'en porte mieux.

Si je tenais aujourd'hui à raconter ces expériences vécues, c'est pour que des gens isolés et aux prises avec de tels phénomènes, comme ce le fut le cas pour moi, sachent que c'est possible d'en parler. Il faut qu'ils sortent de leur silence, qu'ils cessent de croire qu'ils sont fous, comme je me le suis longtemps imaginé. Plus on en parlera, plus on se rendra compte que ces faits existent et se produisent dans la vie de gens comme vous et moi. Et plus on risquera aussi d'en découvrir l'origine.»

Le coin du sceptique

Quand la peur s'installe

Il peut arriver que des personnes disant avoir vu des d'ovnis présentent des troubles psychologiques qui les poussent à voir là un danger imminent ou une conspiration. Le docteur Brian Bexton, président de l'Association des médecins psychiatres du Québec, aborde avec nous ce sujet.

« Il est d'abord important de souligner que je suis convaincu que nous ne sommes pas seuls dans l'Univers. Je crois vraiment qu'il y a d'autres vies ailleurs que sur Terre. Mais est-ce que ces êtres peuvent parcourir la distance entre ces autres planètes et la nôtre ? Pour cela, on parle de techniques de déplacement qui nous dépassent encore. Mais bon, là n'est pas la question. Parlons plutôt de l'attitude des gens qui disent avoir vu des ovnis et essayons de comprendre certains comportements qui peuvent être problématiques. Chez l'être humain, il y a un comportement normal qui s'appelle la vigilance. La vigilance nous sert à prévenir des attaques ou des dangers imminents. La vigilance nous permet entre autres de traverser la rue prudemment. C'est un stade normal du développement chez l'être humain et un phénomène normal de survie. Or, chez certains, la vigilance peut être exacerbée. On remarque cela chez les personnes anxieuses qui ressentent souvent des peurs irraisonnées. Vais-je perdre mon emploi ? Vais-je manquer d'argent ? Et si mon chèque de paye ne rentrait pas ? Mon chum va-t-il me laisser ? Quand l'anxiété devient généralisée, la vigilance devient par le fait même exagérée. Une telle personne aura peur d'être attaquée ou enlevée par un extraterrestre. Le danger ou le mal viendra de l'extérieur. Le fait d'avoir peur des autres découle d'un comportement dit primitif lié à une étape antérieure au développement. Dès son plus jeune âge, l'être humain apprend petit à petit à socialiser, à tisser des liens et à ne pas voir tous les autres comme des dangers potentiels. C'est une des premières étapes de l'apprentissage de notre comportement social. Peu à peu, l'enfant va apprendre notamment que le voisin n'est pas méchant, qu'il ne va pas lui faire de mal...

Mais chez certaines personnes qui présentent des états de paranoïa, le danger est toujours présent et vient de l'extérieur. Ces gens développent une vigilance excessive et ils en viennent à se méfier de tout et de tous. Ils ne vivent pas un conflit avec eux-mêmes mais avec l'extérieur. Attention, il faut savoir que certaines peurs peuvent avoir leur raison d'être chez l'être humain. Ce n'est pas toujours la source d'un comportement biaisé. La forme des peurs vécues par une personne peut également permettre d'en évaluer la pertinence. Quelqu'un peut craindre de se faire voler ses idées, ce peut être possible, mais s'il se met à voir des gens utiliser par exemple des appareils à rayons X pour voir les pensées dans sa tête, là, par contre, on s'égare...

Chez un paranoïaque, en plus de la vigilance exacerbée, la pensée est totalement structurée et focalisée. Il connaît bien l'existence de ses frontières. Il est convaincu qu'il y a un complot contre lui ou que des gens lui veulent du mal, donc il exerce une vigilance extrême. Il veut se défendre. Il craint pour sa vie. Le paranoïaque pourrait même attirer des gens autour de lui et les convaincre d'un possible complot. Il trouve des arguments pour prouver qu'il détient la vérité absolue. Les gourous peuvent être des êtres paranoïaques très bien structurés qui vont persuader les gens de se joindre à eux dans leur combat. La paranoïa est un état de la personnalité malheureusement très difficile à traiter. Pourquoi ? Parce qu'une personne qui a le sentiment qu'elle a des problèmes va décider d'aller consulter un psychologue ou un psychiatre. Les paranoïaques, quant à eux, sont convaincus qu'ils n'ont pas de problèmes, mais que ceux-ci viennent des autres. Alors, il est ainsi bien difficile de soigner leur pathologie.

Les paranoïaques craignent qu'on puisse entrer dans leur tête. Ils demeurent souvent très isolés, retirés du monde. Ils dégagent fréquemment une aura d'étrangeté. Leur regard est furtif, ils semblent carrément sur une autre planète quand ils parlent, leur comportement détonne. Ces gens ne vibrent pas de la même façon que nous, on le sent à leur contact. On ressent un malaise en leur présence.

La vigilance excessive peut aussi être un signe de schizophrénie. Les schizophrènes portent souvent des lunettes fumées très sombres, de crainte qu'on lise leurs pensées dans leur regard. Si une personne vous dit que quelqu'un lui vole ses idées, on peut la croire ; mais si elle vous dit qu'on lui vole ses pensées, on peut commencer à s'inquiéter à son sujet. Dans les états psychotiques comme la schizophrénie, la personne a l'impression que tout ce qu'elle est et ce qu'elle pense peut être vu par les autres. Chez l'humain, il y a plusieurs barrières du moi, dont trois barrières principales. La première est la distance entre les personnes. Habituellement, on garde une distance convenable avec un inconnu, par exemple. Cette barrière-là pourra être plus rapprochée entre les amis et les amoureux. La deuxième, c'est la peau. La peau sépare notre corps de ce qui n'est pas notre corps. La troisième barrière est celle de la pensée.

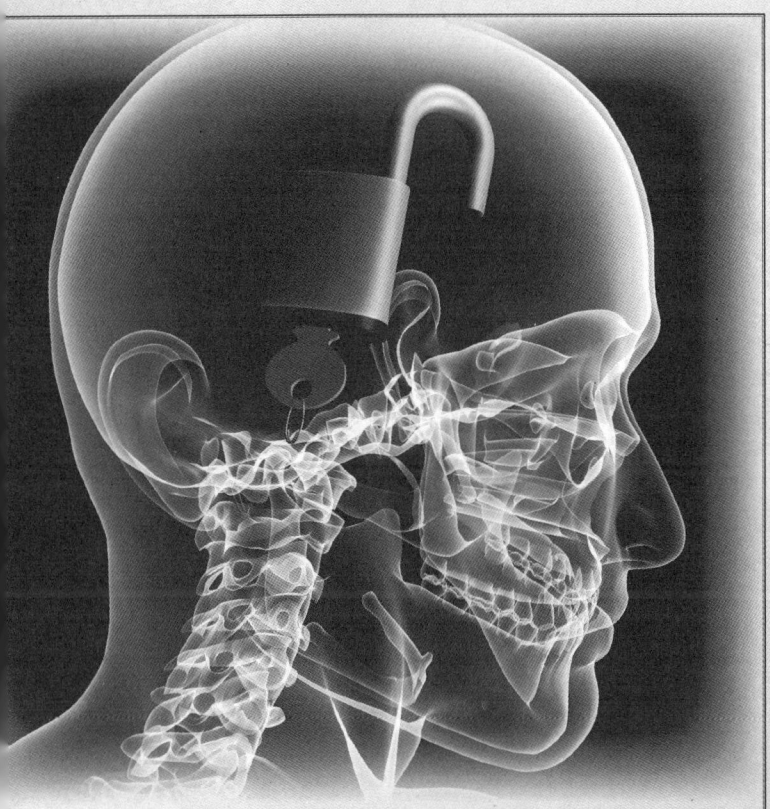

C'est souvent là que les schizophrènes s'y perdent. Ils ne connaissent pas l'existence de cette frontière; pour eux elle n'existe pas. L'être humain peut vivre une grande intimité avec quelqu'un, le connaître depuis très longtemps, mais il ne peut pas deviner ses pensées, lire dans ses pensées. Les pensées demeurent ce qu'il y a de plus intime chez chaque personne. Les schizophrènes pensent que les gens lisent dans leurs pensées et ils pensent lire dans les pensées des autres. Dans certains cas de schizophrénie paranoïaque, on peut même aller jusqu'à prétendre avoir été enlevé par des êtres étranges qui nous auraient volé nos pensées. »

PARTIE 3
SONT-ILS PARMI NOUS ?

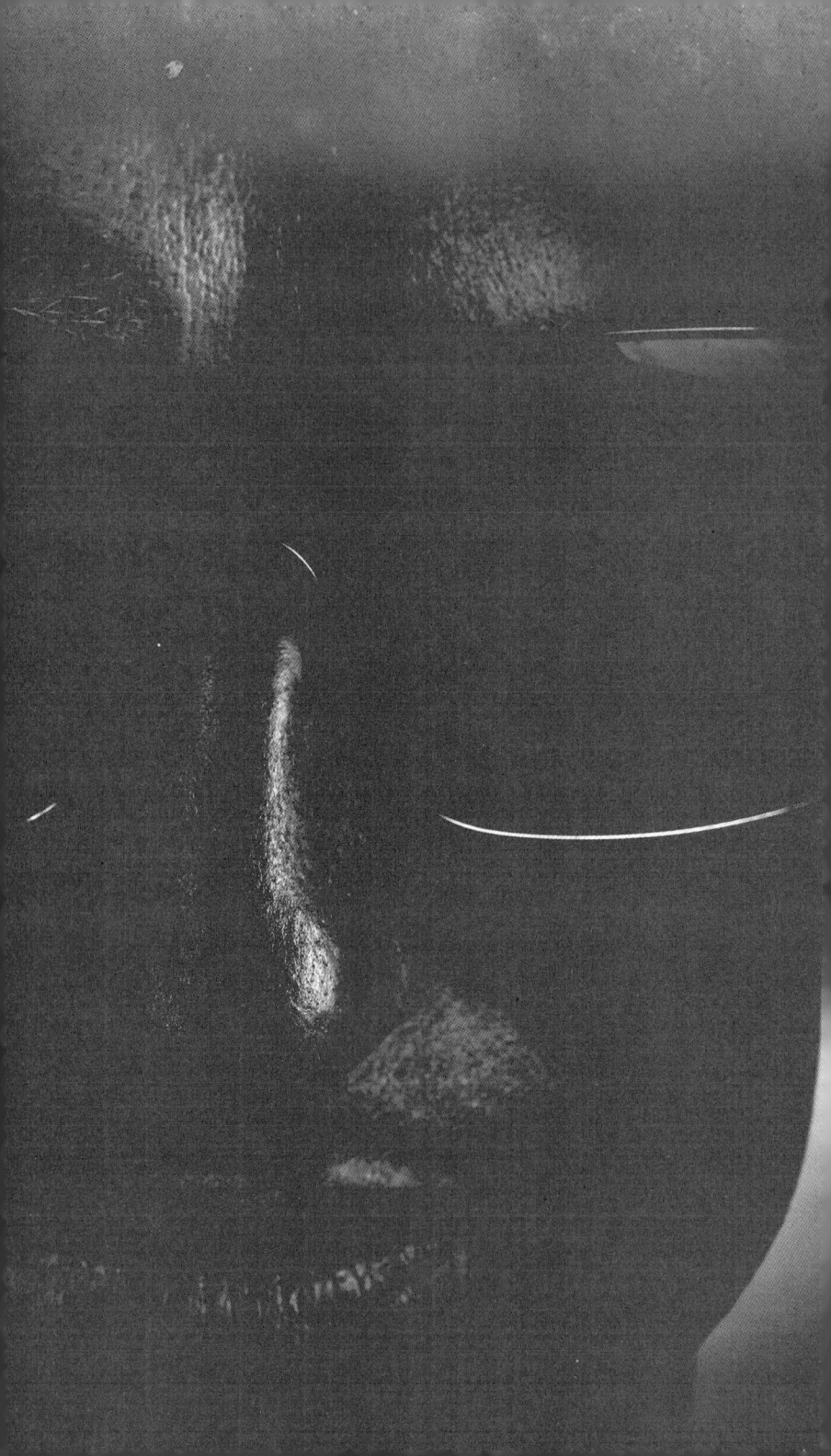

LE MYSTÈRE DES HOMMES EN NOIR

Depuis la sortie des films américains *Les hommes en noir I et II* (*Men in Black*, en anglais) mettant en vedette Tommy Lee Jones et Will Smith, les hommes en noir ont acquis énormément de popularité mais ont beaucoup perdu en mystère et en crédibilité. D'autant plus que les fameux hommes en noir représentés dans ces comédies cinématographiques s'amusent plutôt ferme dans leurs missions, alors que les ufologues s'entendent pour dire que ce ne serait pas du tout le cas des personnages du même acabit cités dans les documents portant sur les ovnis.

Voyons voir qui sont ces individus singuliers qui inspirent beaucoup de crainte et d'interrogation chez ceux qui déclarent en avoir rencontré.

 L'homme vêtu de noir aurait exigé du témoin le silence complet au sujet de l'incident, sous peine de graves représailles.

Semblant exister depuis aussi longtemps qu'on compile des observations d'ovnis dans le monde, les hommes en noir auraient pour mission de détruire ou d'effacer de la mémoire des gens toutes données de provenance « extraterrestre » ou « non humaine » qui pourraient mettre en péril la sécurité de ces sociétés secrètes. Toujours vêtus de noir et portant des verres fumés masquant leur regard « non humain », ces êtres étranges se feraient souvent passer pour des agents gouvernementaux en quête de renseignements classifiés.

Les premiers hommes en noir

La première manifestation répertoriée d'hommes en noir se serait déroulée à Tacoma, près de Seattle aux États-Unis, le 22 juin 1947[21]. Trois hommes et un garçon naviguant en mer près de l'île de Maury auraient observé six étranges objets volants dont l'un aurait laissé échapper une masse de métal en fusion sur leur bateau. L'enfant aurait été légèrement

« Tout contact entre les citoyens américains et les extraterrestres ou leurs véhicules sont strictement illégaux. Tout contrevenant devient automatiquement un criminel recherché, punissable d'un an d'emprisonnement et de 5 000 $ d'amende. L'administrateur de la NASA a toute autorité pour décider, sans audition, si une personne ou un objet a été exposé directement ou indirectement à un contact extraterrestre. Il peut également imposer une quarantaine indéterminée, sous garde armée, qui ne peut être cassée par aucune cour de justice. » Cette clause dans la loi américaine sous le titre *ET Exposure Law*, segment 14 section 1211 du *Code of Federal Regulations*, fut adoptée le 16 juillet 1969 puis fut abrogée le 26 avril 1991.

Ils prendraient habituellement contact avec un témoin les jours ou les mois suivant l'apparition d'un ovni.

blessé par ces débris, leur chien tué et leur cabine endommagée. Le capitaine eut même, semble-t-il, le temps de faire quelques photos des mystérieux objets avant qu'ils ne disparaissent complètement dans la pénombre du ciel. Le lendemain, un homme louche se serait présenté à la demeure du capitaine du bateau. Il aurait paru extraordinairement bien renseigné, connaissant tout des événements vécus par le marin. Se faisant intimidant, l'homme vêtu de noir aurait exigé du témoin le silence complet au sujet de l'incident, sous peine de graves représailles.

Toutefois, le capitaine ne se serait vraiment pas senti effrayé par cet être ambigu et il aurait passé outre ses menaces en relatant son histoire à tous ceux qui voulaient l'entendre. L'histoire raconte qu'il ne lui est absolument rien arrivé. Les menaces faites par les hommes en noir envers cet homme n'ont finalement jamais été mises à exécution. Par contre – est-ce une pure coïncidence? –, deux pilotes dépêchés sur place dans le but de récupérer les débris du mystérieux appareil trouvèrent la mort dans l'écrasement de leur avion. Et les causes de l'accident ne furent jamais connues!

Par la suite, la présence d'hommes en noir sur les lieux d'observation d'ovnis s'est avérée de plus en plus fréquente. Les jours suivant le célèbre écrasement de l'ovni du 3 juillet 1947 sur le site de Roswell aux États-Unis, on remarqua, dit-on, la visite d'hommes singuliers en tenues sombres. Certains ont même prétendu que ces hommes avaient tenté d'intimider des témoins ou cherché à en savoir plus sur leurs observations. Très peu discrets, ces êtres curieux ont continué par la suite de faire beaucoup parler d'eux. Ils prendraient habituellement contact avec un témoin les jours ou les mois suivant l'apparition d'un ovni et procéderaient toujours à peu près de la même façon, soutirant au témoin toutes les informations possibles et faisant en sorte qu'il garde le silence.

En 1956, l'auteur et ufologue américain Gray Barker fut le premier à baptiser officiellement les « hommes en noir » dans son livre *They Knew Too Much About Flying Saucers*. En voici le célèbre extrait :

« Three men in black suits with threatening expressions on their faces. Three men who walk in on you and make certain demands. Three men who know that you know what the saucers really are! They don't want you to tell anyone else what you know.[22] ».

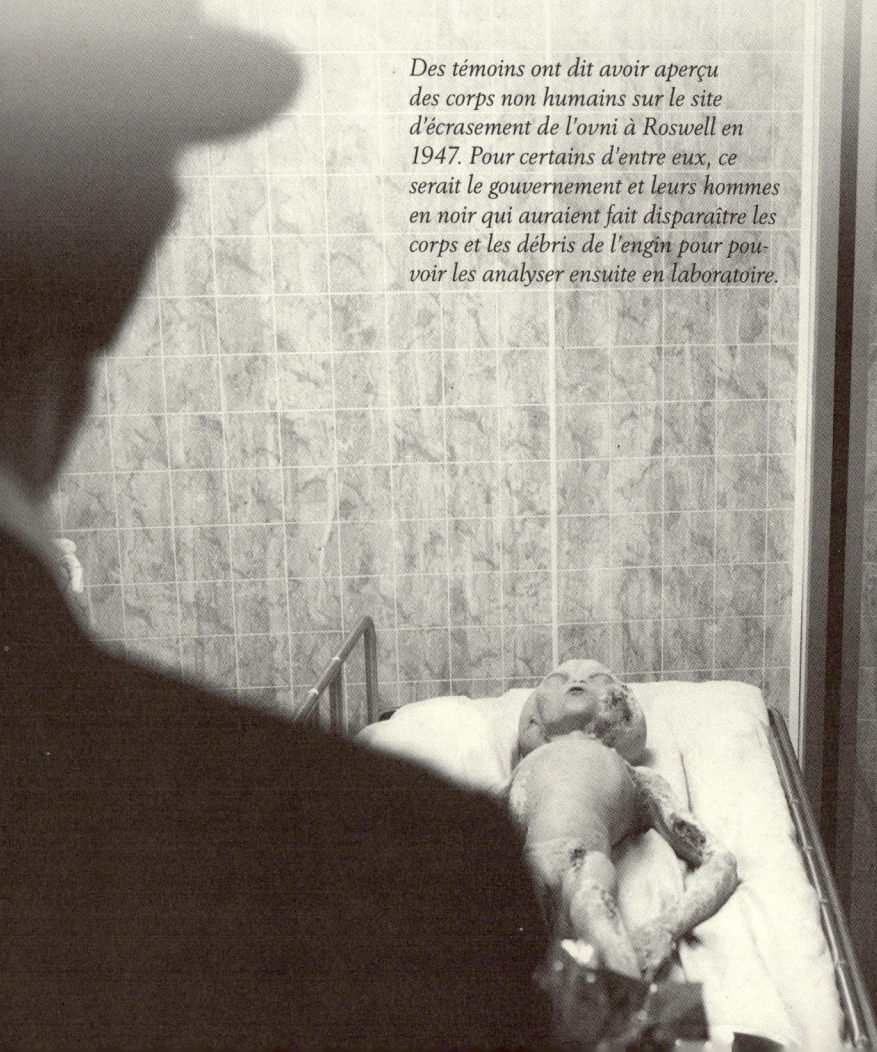

Des témoins ont dit avoir aperçu des corps non humains sur le site d'écrasement de l'ovni à Roswell en 1947. Pour certains d'entre eux, ce serait le gouvernement et leurs hommes en noir qui auraient fait disparaître les corps et les débris de l'engin pour pouvoir les analyser ensuite en laboratoire.

Le look « homme en noir »

 Des témoins racontent que des hommes en noir leur seraient plutôt apparus soudainement au pied de leur lit pendant la nuit.

Aux dires des nombreux témoins prétendant en avoir rencontré un jour ou l'autre, les hommes en noir seraient vêtus du désormais légendaire costume noir que plusieurs décrivent comme «passé de mode». Ils porteraient presque toujours des verres fumés, un chapeau plutôt démodé, conduiraient une voiture noire «neuve» de marque Cadillac ou Buick des années 1940-1950. Leurs gestes et leur démarche seraient syncopés. Leur voix serait saccadée et monotone, au timbre plutôt «métallique». Ils seraient maladroits quand ils manipulent les objets utilisés par les êtres humains. Ils laisseraient, dit-on, une impression de malaise après leur passage.

On les décrit comme des «humains hybrides», des «extraterrestres» ou des «humanoïdes». Certains témoins ajoutent qu'ils auraient le teint très pâle, crayeux, voire maladif et les doigts démesurément longs. Ils se présenteraient généralement en trio, parfois accompagnés d'une femme d'allure similaire. Ils en diraient peu sur eux-mêmes, ne répondraient pas aux questions mais en poseraient beaucoup. Certains hommes en noir ne parleraient carrément pas, communiquant par télépathie avec les témoins, pouvant lire dans les pensées de ces derniers. Certains témoins évoquent un sentiment astreignant de paralysie momentanée ou une sensation d'hypnose les obligeant à répondre aux questions posées. D'autres n'auraient conservé que des souvenirs vagues liés à cette confrontation, disant qu'ils ont par la suite souffert d'un incompréhensible trou de mémoire. De leur côté, les animaux réagiraient avec agressivité à leur présence ou fuiraient à leur arrivée. Des témoins racontent que des hommes en noir leur seraient plutôt apparus soudainement au pied de leur lit pendant la

Ces hommes en noir à l'aspect sinistre seraient-ils de véritables agents des services secrets gouvernementaux ?

nuit. On raconte que certains d'entre eux auraient même eu recours à la force contre des témoins récalcitrants. En présence de preuves matérielles sur les lieux, ils auraient fait disparaître celles-ci ou les auraient détruites ou emportées avec eux. Finalement, les hommes en noir sauraient employer des méthodes très persuasives pour convaincre les témoins contactés de l'invalidité de leur histoire ou du ridicule de leur observation.

Des agents du gouvernement ?

Pour certains, ces hommes en noir à l'aspect sinistre ne viendraient pas d'ailleurs, ne seraient pas des humanoïdes ni des extraterrestres, mais bien de véritables agents des services secrets gouvernementaux envoyés sur le terrain afin de récupérer toutes les informations liées aux ovnis, toutes les preuves possibles ou tous les témoignages susceptibles de faire avancer les recherches dans le domaine.

On prétend par ailleurs que ces émissaires des services secrets gouvernementaux se déplaceraient plutôt dans d'impressionnants hélicoptères noirs aux vitres teintées qui ne porteraient aucune marque d'identification reconnaissable.

Humains comme nous, humanoïdes ou extraterrestres? Alors, qu'en pensez? Qui sont véritablement ces hommes en noir? Fabulation ou réalité? En tout cas, le mystère semble encore entier, et ces personnages énigmatiques courraient toujours. Donc, soyez averti, s'il vous arrivait un de ces jours d'observer un ovni, ne soyez pas étonné de recevoir une visite impromptue de ces bizarres messieurs vêtus de noir!

INTRATERRESTRES ET UMMITES : DES HYPOTHÈSES EFFARANTES

Les ovnis viendraient-ils d'ailleurs ? D'une autre planète, d'une autre galaxie ? Ou habiteraient-ils plutôt l'intérieur de notre Terre, dans des grottes extrêmement profondes, inaccessibles à nous, les humains ? Qu'elles soient ou non plausibles pour certains, farfelues ou crédibles pour d'autres, différentes hypothèses sur l'existence et le lieu de vie de ces êtres non humains intriguent et fascinent toujours autant.

Vivraient-ils sous terre, tout près de nous ? Certains adeptes de cette avenue prétendent que ces êtres baptisés « intraterrestres » ou « peuples intérieurs » évolueraient dans des couloirs et des cavernes, à quelques mètres sous la surface, sous d'anciens volcans. Il faut souligner que par cette ligne de pensée, ces mêmes personnes réfutent l'hypothèse des extraterrestres. Or, plusieurs s'entendent sur le fait que la plus proche planète possiblement habitable est beaucoup trop loin de chez nous pour que des « extraterrestres » puissent parcourir cette distance qui les sépare de la Terre. Alors, peut-on croire aux intraterrestres ? Et si oui, pourquoi ces lieux n'ont-ils pas encore été visités par nos explorateurs ? Étrange supposition que ces intraterrestres, en tout cas.

Les Ummites, quelle histoire !

Et si les humanoïdes rencontrés par des témoins étaient plutôt des Ummites ? La théorie des Ummites est très complexe et fascinante, et au fil des ans elle s'est de plus en plus étoffée.

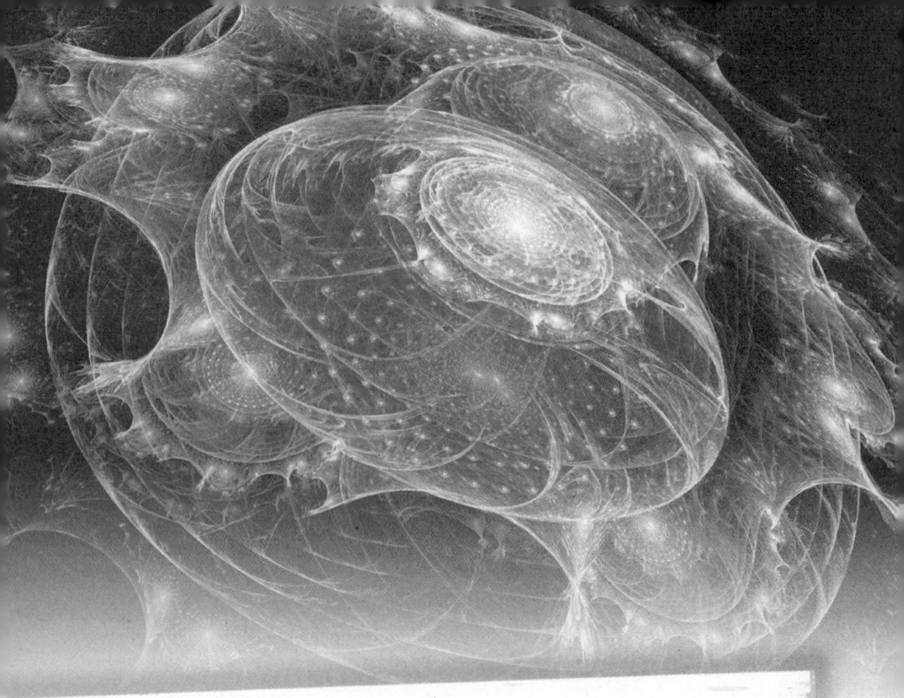

 Les Ummites auraient même fourni une carte de leur localisation dans le ciel.

La supposée planète Ummo se trouverait à quelque 14,4 années-lumière de la Terre, selon certaines révélations reçues par différents contactés vivant en Espagne, en France, en Angleterre et dans d'autres pays. Ces personnes auraient reçu des documents dactylographiés par la poste à partir de 1966. Canular savamment élaboré ou vérité déconcertante ? Quoi qu'il en soit, cette histoire a fait couler beaucoup d'encre et continue de le faire.

Une organisation complexe

Le premier contacté à avoir reçu un document ummite serait un certain Fernando Sesma, membre d'une association espagnole appelée Les Amis de l'Espace. Par la suite, un grand nombre de documents du même genre furent ainsi envoyés à différents destinataires du monde entier. À ce jour, plus de 215 envois ont été expédiés de même manière à différentes personnes ciblées. Les lettres ont entre 6 et

10 pages à simple interligne. Elles contiennent des diagrammes et parfois des équations. L'ensemble formerait un ouvrage de plus de 2 000 pages, et même plus, pense-t-on !

L'existence d'une civilisation extraterrestre a été prise très au sérieux par plusieurs, y compris des scientifiques. Il est vrai que l'entreprise était fort bien menée et bien orchestrée, ce qui provoqua une réelle onde de choc dans le milieu ufologique. Le physicien français Jean-Pierre Petit, spécialiste en mécanique des fluides, physique des plasmas et magnétohydrodynamique (MHD), qui fut notamment directeur de recherche au Centre national de la recherche scientifique (CNRS), aurait pris le temps d'analyser en long et en large tous ces textes ésotériques, disant y avoir trouvé des renseignements scientifiques de grande précision dont certains en avance sur nos connaissances scientifiques terrestres[23]. Inspiré par le contenu de ces lettres troublantes, Petit aurait même déclaré avoir fait, grâce à cela, des percées dans le domaine de la cosmologie gémellaire et de la propulsion MHD. La MHD est une discipline scientifique qui décrit le comportement d'un fluide conducteur du courant électrique (liquide ou gaz ionisé appelé plasma) en présence de champs électromagnétiques[24].

Les premières lettres ummites racontaient l'arrivée de quelques représentants de ce peuple sur Terre. On y expliquait ensuite qu'ils étaient venus ici pour étudier les lieux, l'atmosphère, l'être humain et ses mœurs.

Voici un extrait de l'un des premiers messages :

« Nous désirons informer la planète Terre de notre origine et des buts de notre visite. Nous venons de Ummo, une planète qui tourne autour de l'astre Iumma, enregistré sur votre Terre sous le nom de Wolf 424. »

Les Ummites auraient même fourni une carte de leur localisation dans le ciel et décrit dans leurs lettres, de façon très élaborée, leur manière de vivre et toutes les sphères de leur existence. Chaque être y serait un nœud au cœur d'un réseau social. L'âme et l'inconscient collectif y seraient

très importants. Les messages des Ummites expliquaient également leurs technologies très avancées, donnant des détails sur leurs notions d'espace, d'anticosmos, de plis dans l'espace, de tunnels hyperspatiaux et sur leur concept du temps. Ils parlaient également de leur découverte de végétaux pluricellulaires et de l'existence du graviton, une particule élémentaire qui transmettrait la gravité.

Voici un autre extrait d'une de leurs nombreuses lettres :

« Quand une de nos nefs pénètre dans les couches les plus denses d'une atmosphère quelconque, à des vitesses que vous qualifieriez d'hypersoniques, la chaleur transférée à la paroi tant par la couche de choc que par la couche limite ne pourrait être absorbée, malgré ses caractéristiques élevées d'ablation, sans que ses nombreux organes se détériorent et que sa surface elle-même fonde. [...] Dans l'atmosphère de notre planète, des conditions de vol standards correspondent à un nombre de Mach équivalent à 12.[25] »

Coup monté ?

Or, un certain José Luis Jordán Peña a finalement avoué être l'auteur de ce nombre incalculable de lettres inventées de toutes pièces. On a notamment attribué à cet Espagnol la voix nasillarde enregistrée pendant un appel téléphonique effectué un jour de 1968 par un supposé Ummite. À l'époque, cet étrange appel – qu'on peut encore aujourd'hui entendre sur Internet – avait beaucoup remué les croyants de l'hypothèse ummite. Devant l'ampleur du phénomène et de la réaction épidémique provoquée par son canular, Peña a jugé bon de tout arrêter. Surtout après avoir découvert que certaines sectes allaient jusqu'à marquer le symbole ummite au fer rouge sur le corps de leurs enfants.

Peña a écrit : « Je me repens d'avoir créé une telle expérience, que je considère aujourd'hui comme immorale et qui s'est retournée contre moi. »

Une demande de revendication officielle avec preuves à l'appui aurait été demandée à Peña, mais ce dernier n'y aurait jamais répondu, totalement déboussolé par l'envergure de cette histoire qui, au départ, ne se voulait qu'une plaisanterie. On aurait ensuite démontré que les caractères dactylographiés de certaines des supposées lettres ummites étaient identiques à ceux de sa machine à écrire (une Hispano Olivetti modèle studio 46). Pourtant, cela ne semble pas avoir été une preuve assez éloquente pour plusieurs adeptes convaincus de l'existence des Ummites. La confession de Peña n'aurait donc pas persuadé tout le monde. Surtout lorsque de nouvelles lettres recommencèrent à être envoyées

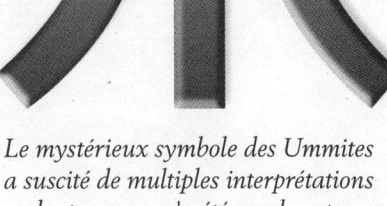

Le mystérieux symbole des Ummites a suscité de multiples interprétations dont aucune n'a été concluante.

après sa mort en 1988... Aujourd'hui, les sceptiques continuent de croire que cette histoire a été créée de toutes pièces et qu'elle ressemble à un imposant ouvrage de science-fiction issu d'une imagination extraordinairement fertile.

LES OVNIS DANS L'ART

Les ovnis ne se s'affichent pas seulement dans le ciel mais s'immiscent aussi dans le monde artistique. Allons y faire une petite incursion. Si l'on sait à quel point le cinéma et la littérature regorgent d'œuvres inspirées d'extraterrestres, d'hommes en noir et d'ovnis, on en connaît moins sur l'art figuratif. Pourtant, certaines toiles soulèvent de surprenantes controverses. C'est que des adeptes sont convaincus de voir dans certaines œuvres de grands peintres la preuve picturale du passage d'ovnis dans le passé. Toutefois, les historiens de l'art leur donnent vite la réplique avec des explications notoires sur l'iconographie chrétienne ancienne des supposés objets volants non identifiés qui semblent y figurer.

Lumière des cieux

Observez bien la toile du peintre néerlandais Aert de Gelder *Le baptême du Christ* peinte en 1710 (présentée sur la page de gauche). Les fervents d'ovnis y voient dans le ciel la représentation évidente d'un ovni en forme de disque survolant les lieux du baptême du Christ. Or, les historiens de l'art expliquent que cette « soucoupe volante » illustre plutôt la colombe de la sainte Trinité, source de lumière sur le baptême.

Si on regarde plus en détail, on discerne mieux au centre du cercle, dans le ciel, la fameuse colombe. Cette « soucoupe volante » ne serait finalement qu'un cercle lumineux représentant l'aura de la grâce divine, comme le dit si bien

◀ *Le baptême du Christ, 1710, par Aert de Gelder (1645-1727). Reproduit avec la permission du Fitzwilliam Museum, Cambridge, Angleterre.*

Détail de la toile
Le Baptême
du Christ (p. 172)

l'évangile de saint Luc au chapitre 3, verset 21 : « Or comme tout le peuple était baptisé, Jésus, baptisé lui aussi, priait; alors le ciel s'ouvrit, et l'Esprit Saint descendit sur lui sous une apparence corporelle, comme une colombe. » D'ailleurs, l'Esprit Saint est maintes fois représenté par une colombe au cœur d'un cercle lumineux sur de nombreuses autres toiles du baptême du Christ, telles que celles des peintres Le Pérugin ou Verrocchio. Il semble donc que l'ovni en question ne soit qu'une représentation divine de l'époque.

Plusieurs autres œuvres du genre ont suscité l'intérêt des chercheurs d'ovnis qui disent y déceler la présence d'étranges ovnis. On pense notamment à *La Thebaïde* de Paolo Uccello, *L'annonciation* de Carlo Crivelli, *L'adoration des mages* de Giotto di Bondone, *La Madone et l'Enfant avec Jean le Baptiste* de Domenico Ghirlandaio et *La crucifixion* exposée au monastère de Visoki Decani. (Allez découvrir ces œuvres dans Internet. Elles sont toutes fascinantes.)

Les ovnis des salles obscures

Bon nombre de films ont également traité du phénomène des ovnis. Les plus populaires demeurent certainement *Rencontre du troisième type* et *E.T. l'extra-terrestre* de Steven Spielberg. Qui ne les a pas déjà vus? Bien peu de gens. Quant aux hommes en noir, eux, ils ont connu leur vague de popularité en 1997 et en 2002 avec les comédies *Hommes en noir I* et *II* avec Tommy Lee Jones et Will Smith, dont nous avons parlé plus tôt.

Ovnis et extraterrestres ont envahi le petit écran dans la télésérie *X-Files* et la plus ancienne série *Mon Martien favori*. Ils furent aussi au cœur de films comme *Jour de l'indépendance* de Roland Emmerich en 1996, *Contact* de Robert Zemeckis en 1997 et *Signes* de M. Night Shyamalan en 2002. *La guerre des mondes*, inspiré du roman de H. G. Wells et réalisé par Byron Haskin en 1953, fit l'objet d'un remake de Steven Spielberg avec Tom Cruise en 2005. Peu après, en 2008, le réalisateur Scott Derrickson ramenait au cinéma *Le jour où la terre s'arrêta* avec Keanu Reeves, remake d'un film réalisé par Robert Wise en 1951. Mentionnons aussi une création de 2009 réalisée par Neill Blomkamp, *District 9*, qui aborde les extraterrestres sous un œil nouveau et original, faisant d'eux des itinérants réfugiés dans un glauque ghetto terrestre.

La tour du diable au Wyoming est célèbre pour avoir été choisie comme site de rencontre des contactés dans le film Rencontre du troisième type *de Steven Spielberg.*

Enfin, d'autres œuvres cinématographiques ont plutôt teinté le sujet d'une bonne dose d'humour. On n'a qu'à penser à *Monstres contre Aliens*, film d'animation de 2009 de Rob Letterman, *Mars attaque !* de Tim Burton sorti en 1996, *Coneheads* de Steve Barron en 1993, sans oublier *La soupe aux choux* de Jean Girault en 1981.

Une source d'inspiration prolifique

Les sociétés extraterrestres, les êtres venus d'autres planètes et les ovnis ont inspiré un nombre phénoménal de pages aux auteurs les plus divers et ce, depuis fort longtemps. En 1865, François-Henri Peudefer de Parville publiait *Un habitant de la planète Mars* aux Éditions J. Hetzel, alors que Guy de Maupassant offrait à ses lecteurs *L'homme de Mars* en 1889. Cependant, *La guerre des mondes* de H. G. Wells demeure l'un des romans marquants du genre, quand on sait qu'il fut publié en 1898, pour devenir l'un des plus importants ouvrages de science-fiction du XXe siècle. Dans les années 1950, l'auteur français Jimmy Guieu fut aussi très prolifique en matière de livres sur les «Martiens». Il publia notamment *L'invasion de la Terre* en 1952 et *Nous les Martiens* en 1954, qui furent tous deux très populaires. Citons aussi *Solaris*, écrit en 1961 par Stanislas Lem et qui inspira par la suite deux films, l'un réalisé en 1972 par Andreï Tarkovski et l'autre en 2002 par Steven Soderbergh.

On ne peut aussi passer sous silence le roman de science-fiction *Stratagème* écrit en 2006 par nul autre que l'ufologue et astrophysicien Jacques Vallée, qui a su y entremêler fiction et science avec une extraordinaire efficacité, qualité que l'on attribue clairement à l'homme qui a consacré beaucoup d'années de recherche au phénomène des ovnis et qui n'a pas encore dit ni écrit son dernier mot.

Enfin, la couleur verte attribuée aux extraterrestres tirerait peut-être son origine du roman d'Edgar Rice Burroughs *A Princess of Mars* (1912), dans lequel sont décrits des Martiens à la peau verte. Cette couleur sera ensuite reprise par de nombreux auteurs, dont Harold Sherman dans *The Green Man* (1946) et Damon Knight dans *The Third Little Green Man* (1947).

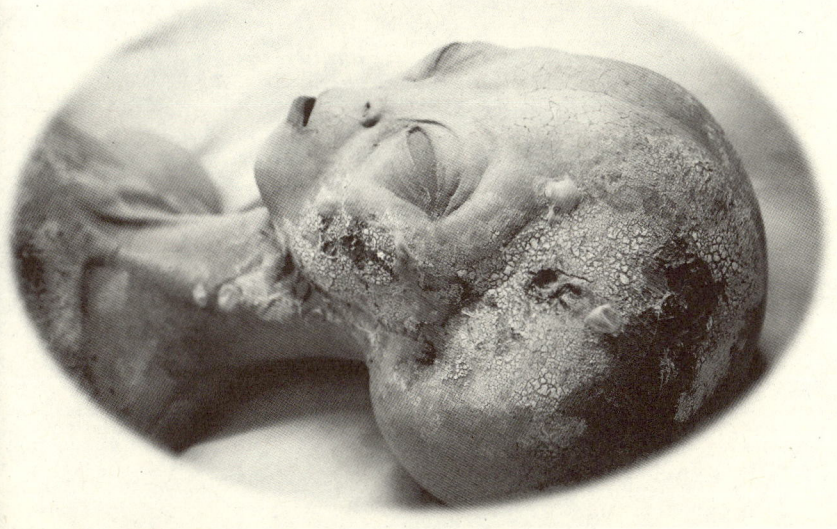

CONCLUSION

Les ovnis sont imprévisibles. Ils peuvent surprendre n'importe qui, n'importe quand. Les objets volants non identifiés continueront certainement d'alimenter encore longtemps les tabloïds, les journaux, les soirées au coin du feu, et susciteront encore mille et une questions chez les scientifiques. On le sait aussi, le phénomène des ovnis n'est pas à prendre à la légère. Les grands spécialistes s'entendent sur le fait que nous ne pouvons être seuls dans l'Univers. Le personnel de la NASA n'a-t-il pas attaché aux sondes *Pioneer 10* et *11* une plaque comportant un message pictural destiné à d'éventuels êtres extraterrestres ?

Sur ces plaques métalliques sont gravés un homme et une femme nus, ainsi que plusieurs symboles fournissant des informations sur l'origine de la sonde. Les plaques sont solidement attachées aux sondes de façon à être protégées des poussières interstellaires. Impressionneront-elles un jour ces êtres d'ailleurs à qui elles sont destinées ? D'ici là, d'autres mesures ont également été mises en place afin de tenter l'ultime contact.

En quête de signaux extraterrestres

Ayant pour objectif de tenter de repérer des ondes électromagnétiques émises par d'autres civilisations que la nôtre, l'institut américain de recherche Search for Extraterrestrial Intelligence (SETI) regroupe plus de 70 projets internationaux qui joignent leurs efforts pour détecter les signaux d'une intelligence non humaine vivant sur une autre planète. On suppose qu'ailleurs dans l'Univers d'autres civilisations

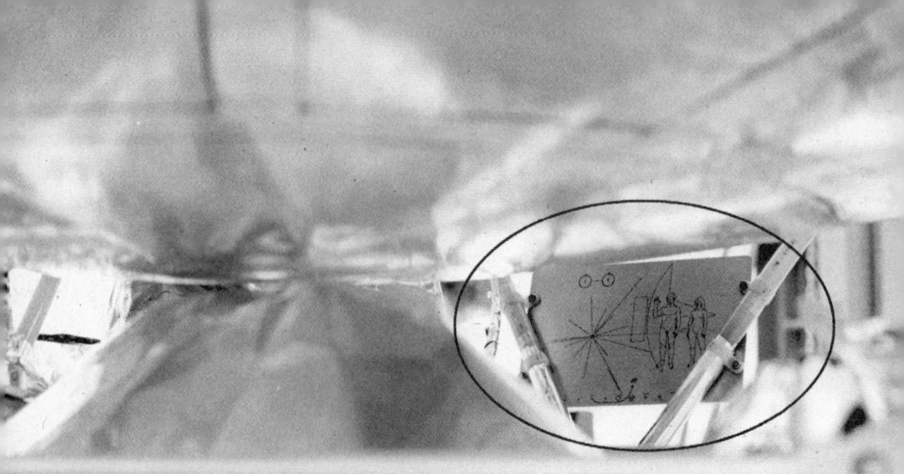

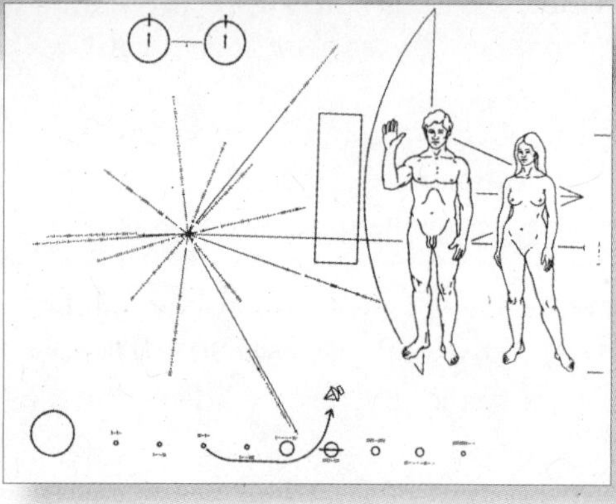

Plaque d'information à l'intention des extraterrestres, telle qu'attachée à une des Sondes Pioneer 10 ou 11.

essaient elles aussi de prendre contact. On se souviendra du signal radio capté le 15 août 1977 par le radiotélescope Big Ear de l'Université de l'État de l'Ohio. Ce signal présumé d'origine extraterrestre dura 72 secondes et ne fut plus jamais détecté. L'astrophysicien Jerry R. Ehman, qui fut témoin du phénomène, inscrivit « Wow ! » sur l'imprimé des données de l'ordinateur. On l'a donc baptisé le « Signal

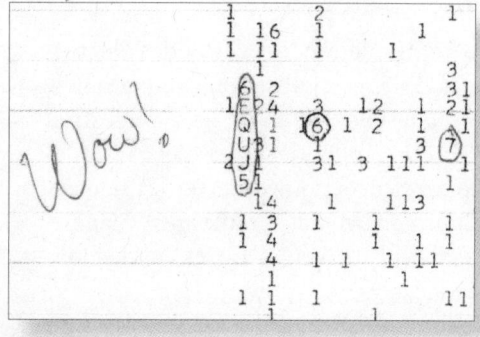

L'astrophysicien Jerry R. Ehman inscrivit « Wow ! » sur l'imprimé des données de cet inexplicable signal radio capté en 1977. On n'a jamais su ce que c'était et cela ne s'est jamais reproduit.

Wow!». Depuis, les scientifiques espèrent toujours recevoir un autre signal du genre un jour.

Prêter son énergie...

Pour tout mettre en œuvre afin de collaborer à la possible captation d'un signal extraterrestre, vous pouvez «prêter» à SETI l'énergie de votre ordinateur mis en veilleuse.

De cette façon, SETI exploite la puissance inutilisée de millions d'ordinateurs dans le monde connectés via Internet pour ce projet de recherche. Pour y contribuer, il suffit de télécharger et d'installer le logiciel SETI@Home gratuit sur votre ordinateur. Quand celui-ci se mettra en mode veille, SETI utilisera ses ressources afin de charger et d'analyser les données collectées par le plus imposant radiotélescope jamais construit sur notre planète, situé à Arecibo, sur la côte nord de l'île de Porto Rico.

Avec ses 305 m de diamètre, le télescope d'Arecibo est aujourd'hui la plus grande et la plus sensible oreille radio de la Terre.

Plus de 3,5 millions d'internautes dans 225 pays ont déjà contribué à l'analyse de plus de 300 millions de résultats... Que diriez-vous de vous joindre à eux? Peut-être qu'un jour votre ordinateur participera à la détection du lointain message d'une civilisation extraterrestre en quête de contact?

Peut-être deviendrez-vous LE contacté des contactés?

À ce moment-là, peut-être ne vous poserez-vous plus cette ultime question...
Et si c'était vrai?

ANNEXE
LN, DD, RRI, RRII...

La classification des observations d'ovnis faite selon la méthode Hynek* est aujourd'hui utilisée par la plupart des ufologues.

LN : lumière nocturne
Lumière ou masse lumineuse observée généralement à grande distance.

DD ou OD : disque diurne ou objet diurne
Ovni aperçu en plein jour, peu importe sa forme. En effet, la forme discoïdale bien connue est loin d'être la seule rapportée dans les témoignages contemporains.

RRI : rencontre rapprochée du premier type
Ovni vu de près, à moins de 150 m de distance, sans aucune interaction avec l'environnement. Au-delà de cela, on peut aussi parler de REI, ou rencontre éloignée du premier type.

RRII : rencontre rapprochée du deuxième type
Ovni vu de près, à moins de 150 m de distance, avec interaction du genre « traces au sol » ou « preuves matérielles » mesurables sur le sol ou dans l'environnement : végétation brûlée, arbres cassés, radioactivité, montre qui s'affole, radio d'auto qui s'arrête, système électrique de voiture qui a des ratés, baisse d'intensité des lumières, moteur qui étouffe. Au-delà des 150 m, on peut aussi parler de REII, ou rencontre éloignée du deuxième type.

RRIII : rencontre rapprochée du troisième type
C'est la rencontre en personne d'un humanoïde vu de près, à moins de 150 m de distance. Au-delà de cela, on peut aussi parler de REIII, ou rencontre éloignée du troisième type.

RRIV : rencontre rapprochée du quatrième type
Cette rencontre se conclut par un rapt ou un enlèvement, alors que le témoin dit avoir été transporté ou conduit de gré ou de force dans un vaisseau, parfois pour des prélèvements ou des examens, puis relâché. Il arrive que ces témoins parlent d'une perte de mémoire ponctuelle et ne se souviennent de l'événement qu'en bribes décousues.

DR ou RO : détection radar ou radar optique
En plus d'avoir été observé par des témoins, l'ovni en question aura aussi été détecté par radar. Cela dit, les aéroports civils fonctionnent avec des radars en mode de détection secondaire, c'est-à-dire qui ne détectent que les objets volants possédant un transpondeur (boîte électrique contenant toutes les informations relatives à cet avion). Les objets volants qui n'ont pas de transpondeur n'apparaîtront donc pas sur les radars des aéroports civils. Les aéroports militaires, par contre, sont munis de radars de détection primaire, qui peuvent détecter tout objet volant dans l'espace aérien du pays, muni ou pas d'un transpondeur.

---

* Astrophysicien et consultant en ovnis, professeur et président du département d'astronomie à l'Université Northwestern d'Evanston en banlieue nord de Chicago, Joseph Allen Hynek a été engagé de 1948 à 1969 par l'Armée de l'air américaine pour évaluer les rapports d'objets volants non identifiés. C'est lui qui a inventé la classification des observations d'ovnis.

En 1973, Hynek a fondé le Center for UFO Studies (CUFOS), reconnu aujourd'hui comme l'un des plus importants groupes internationaux réunissant scientifiques, professeurs et volontaires dédiés au phénomène des ovnis. Né en 1910 à Chicago de parents tchécoslovaques, Hynek est décédé en 1986.

REMERCIEMENTS

Pour pouvoir plonger en profondeur dans l'univers fascinant des ovnis, j'ai pu me fier sur un compagnon de route exceptionnel. Merci à l'ufologue François C. Bourbeau pour sa confiance et l'accès à ses riches archives.

Merci aussi à Patricia Paquette, également du Réseau Ovni-Alerte, et à Gabriel Saint-Pierre, insatiables accros informatiques.

Merci à Catherine Guex, du Musée des Beaux-Arts de Montréal.

Merci à Frédéric, mon ami, pour m'avoir fourni un baluchon d'informations qui ont alimenté mes recherches.

Merci à tous les témoins qui furent si généreux de leur histoire, de leurs photos ou de leurs illustrations.

Merci aux spécialistes qui ont, une fois de plus, collaboré avec générosité à ce livre. Un merci tout particulier au docteur psychiatre Brian Bexton et à l'astronome Robert Lamontagne, qui ont contribué plus d'une fois à la folle aventure de cette collection. Merci pour votre ouverture d'esprit et l'ampleur de vos connaissances.

Merci au lieutenant-colonel Michel Brisebois des Forces armées canadiennes, à Martin Bélanger de MétéoMédia, et au photographe Daniel Dupont.

Merci à Michel qui a donné vie à ce projet fou et fabuleux; à Paul pour son œil de lynx; à Céline, Sandy et Stéphane pour leur exceptionnelle créativité.

Merci à Johanne, précieuse complice de tous les instants, pour sa patience, son infatigable appui et sa confiance.

Merci à Benoît, mon amour, qui me ramène toujours si merveilleusement les pieds sur terre, quel que soit l'univers où je gravite !

Merci enfin à Clément, Micheline, Diane et René qui m'encouragent toujours, me soutiennent et… me lisent !

CRÉDITS PHOTO

Couverture : Dreamstime

p. 13 : Archives de Hudson Bay Company, Nichikun Post-Journal 1841-1842, section B classe 14, subdivision A, pièce 8. Gracieuseté Réseau Ovni-Alerte

p. 15 : *Photo-Police*, 8 février 1990, page 5

p. 16-17 : *Petit Journal*, n° 11, 51e année, semaine du 15 au 21 janvier 1977, page couverture et page 2

p. 24 : Photo Daniel Deak, gracieuseté Réseau Ovni-Alerte

p. 25 : Photo François C. Bourbeau, gracieuseté Réseau Ovni-Alerte

p. 28 : Photo François C. Bourbeau, gracieuseté Réseau Ovni-Alerte

p. 29 : Photo Daniel Galarneau

p. 30-31 : Photo François C. Bourbeau, gracieuseté Réseau Ovni-Alerte

p. 40-44-45 : Renato Messina ©

p. 46 : Photo François C. Bourbeau, gracieuseté Réseau Ovni-Alerte

p. 49-50-51 : Gracieuseté 442e Escadron de recherche et sauvetage des Forces canadiennes, Comox, Colombie-Britannique.

p. 58 : Photo Jean Roy, gracieuseté Réseau Ovni-Alerte

p. 60, 62, 63, 67 : Gracieuseté Réseau Ovni-Alerte

p. 70 : Gracieuseté François C. Bourbeau

p. 72-73 : Gracieuseté Réseau Ovni-Alerte

p. 80-86 : Gracieuseté Danielle Goyette

p. 89 : Marcel Laroche

p. 93 : Gracieuseté du témoin anonyme

p. 98 : Gracieuseté du témoin

p. 103 : Gracieuseté Marc Lajeunesse

p. 111 : Gracieuseté Claude Guilbault

p. 114 : Illustration gracieuseté Jean Cantin

p. 120 : Gracieuseté Forces armées canadiennes, Caporal Kevin Paul

p. 121 : Gracieuseté Forces armées canadiennes, Caporal Bruno Turcotte

p. 124 : Photo Réjean Dubé, gracieuseté Réseau Ovni-Alerte

p. 126 : Gracieuseté du témoin

p. 138 : Illustration du témoin, gracieuseté Réseau Ovni-Alerte

p. 142 : gracieuseté Charlène Roussy

p. 145 : Daniel Dupont

p. 172-174 : *Le baptême du Christ*, 1710, par Aert de Gelder (1645-1727). Reproduit avec la permission du Fitzwilliam Museum, Cambridge, Angleterre

p. 180 en haut : Gracieuseté NASA

p. 180 en bas : Big Ear Radio Observatory and North American AstroPhysical Observatory

Toutes les autres photos : Shutterstock

BIBLIOGRAPHIE

Livres

BERLINER, Don. OVNI, *Document de synthèse*, Monaco, Éditions du Rocher, 2005, 254 p.

BOURBEAU, François C. *Contact 158*, Verdun, Éditrice Louise Courteau, 1984, 200 p.

BOURBEAU, François C. *Les médias cachent la réalité OVNI au public*, Drummondville, Éditions du Collège invisible, 1996, 304 p.

BOURRET, Jean-Claude. *Ovnis, la science avance*, Paris, Laffont, 1993, 232 p.

CASAULT, Jean. *Manifeste pour l'avenir – Bilan de l'extraterrestre*, Québec, Éditions AFFA, 1972, 20 p.

DELMARTI, Sabine. *Les ovnis et autres objets volants*, Éditions de Vecchi, Paris, 1998, 189 p.

DUMONT, Jacques. *Ovnis, un demi-siècle de recherches*, Sainte-Agathe, Éditions Rebis, 2001, 282 p.

FERGUSON, Jean. *Tout sur les soucoupes volantes*, Montréal, Éditions Leméac, 1972, 260 p.

FERGUSON, Jean. *Les humanoïdes, les cerveaux qui dirigent les soucoupes volantes*, Montréal, Éditions Leméac, 1977, 282 p.

FERGUSON, Jean. *Énigmes du temps présent*, Montréal, Éditions Leméac, 1979, 143 p.

GRESLÉ, Jean-Gabriel. *Extraterrestres, secret d'État : l'affaire Roswell*, Paris, Éditions Ramsay, 1997, 357 p.

GUIEU, Jimmy. *Les soucoupes volantes viennent d'un autre monde*, Paris, Fleuve Noir, 1954, 254 p.

GUIEU, Jimmy. *Black out sur les soucoupes volantes*, Paris, Fleuve Noir, 1956, 296 p.

LAGRANGE, Pierre, Clarisse LE FRIANT et Guillaume GODARD. *Sont-ils parmi nous ? La nuit extraterrestre*, Paris, Gallimard, 1997, 369 p.

LAGRANGE, Pierre. *Ovnis : ce qu'ils ne veulent pas que vous sachiez*, Paris, Presses du Châtelet, 2007, 369 p.

MESNARD, Joël. *Men in black : l'étrange affaire des hommes en noir et des ovnis*, Grenoble, Le Mercure dauphinois, 2005, 181 p.

MESNARD, Joël. *Vérités et mensonges sur les ovnis*, Paris, Éditions Trajectoire, 2008, 227 p.

PAGE, Christian R. *Dossiers Mystère*, Saint-Zénon, Éditions Louise Courteau, 2008, 482 p.

PETIT, Jean-Pierre. *Enquête sur des extra-terrestres qui sont déjà parmi nous: le mystère des Ummites*, Paris, Albin Michel, 1991, 219 p.

PETIT, Jean-Pierre. *Ovnis et armes secrètes*, Paris, Albin Michel, 2003, 268 p.

SHOSTAK, Seth. *Confessions of an Alien Hunter*, Washington, National Geographic, 2009, 307 p.

SIDER, Jean. *Ovnis: dossier secret*, Monaco, Éditions du Rocher, 1994, 315 p.

SIDER, Jean. *Les «extraterrestres» avant les soucoupes volantes: catalogue mondial de 370 cas de rencontres des 3e et 4e type*, Paris, Éditions Agnières, 2007, 427 p.

SPENCER, John et Anne (sous la direction de), *L'Inexpliqué, une porte ouverte sur les mondes inconnus*, Paris, Robert Laffont, 1997, 189 p.

STURROCK, Peter A. *La science face à l'énigme des ovnis*, Paris, Presse du Châtelet, 2002, 329 p.

VALLÉE, Jacques. *Ovnis, la grande manipulation*, Monaco, Éditions du Rocher, 1983, 303 p.

VALLÉE, Jacques. *Autres dimensions*, Paris, Éditions Robert Laffont, 1989, 335 p.

VALLÉE, Jacques. *Confrontations*, Paris, Éditions Robert Laffont, 1990, 309 p.

VALLÉE, Jacques. *Révélations*, Paris, Éditions Robert Laffont, 1992, 300 p.

VALLÉE, Jacques, *Science interdite*, Marseille, O.P. Éditions, 1997, 439 p.

Sites Web

www.nasa.gov
www.ovni-alerte.com
www.ovni-quebec.info
www.sprezzatura.it/Arte/Arte_UFO_fr.htm
www.sceptiques.qc.ca
www.ufologie.net

NOTES

1. Source: Hudson Bay Company, *Nichikun Post-Journal 1841-1842*, archives section B classe 14, subdivision A, pièce 8. Gracieuseté du Réseau Ovni-Alerte.

2. L'ufologie est une discipline qui étudie, enquête et analyse tout ce qui concerne le phénomène des ovnis. L'ufologue est celui qui se consacre à cette discipline.

3. Source: François C. Bourbeau, *Les médias cachent la réalité OVNI au public*, Drummondville, Éditions du Collège invisible, 1996, p. 129.

4. Source: *Ibid.*, p. 130.

5. Nom non divulgué en raison de menaces de la part de l'ex-employeur.

6. Source: F. C. Bourbeau, *op. cit.*, p. 111-115.

7. Source: *Ibid.*, p. 22-27.

8. Affa serait le nom du supposé extraterrestre originaire de Vénus que l'Américain Georges Adamski dit avoir rencontré dans le désert californien dans les années 1950. Les chercheurs sérieux s'entendent cependant pour affirmer qu'Adamski a créé de toutes pièces des canulars...

9. Source: F. C. Bourbeau, *op. cit.*, p 33-37.

10. Nous préférons nous abstenir de nommer ces personnes pour ne pas raviver une nouvelle fois cette controverse.

11. Source: F. C. Bourbeau, *op. cit.*, p. 79-90.

12. Une ampoule incandescente de 100 watts a un rendement de flux lumineux ou de puissance lumineuse (mesuré en lumens) d'environ 25 % par watt.

13. La candela (symbole : cd) est une unité de mesure employée pour représenter une quantité d'éclairage, autrement dit une intensité lumineuse. Une candela équivaut à l'intensité de lumière émise par une chandelle, c'est-à-dire 1/50 de watt.

14. Degré d'intensité lumineuse d'un corps céleste. Plus ce chiffre s'éloigne de zéro (valeur négative), plus l'astre est lumineux. Par exemple, l'étoile Bételgeuse a une magnitude de –0,6, la pleine Lune de –13, et le Soleil de –26,73.

15. Source : F. C. Bourbeau, *op. cit.*, p. 18.

16. Le projet Blue Book (« Livre bleu ») fut une commission américaine d'enquête active de 1952 à 1969, regroupant d'importants spécialistes scientifiques qui y ont notamment travaillé à répertorier et à étudier quelque 11 000 cas d'ovnis inexpliqués.

17. À cette époque, l'OTS était un groupe ésotérique principalement actif en Europe, en Suisse et au Canada. Reconnu comme une secte par certains, l'OTS a été responsable de cas troublants de suicides collectifs très médiatisés.

18. Dans son livre *Contact 158* publié aux Éditions Louise Courteau, François C. Bourbeau raconte toute l'histoire détaillée de l'enlèvement de monsieur X. Ouvrage épuisé mais qui sera à nouveau disponible bientôt. Pour plus de détails, visitez www.ovni-alerte.com.

19. N'ayant pu retracer les témoins principaux de cet événement pour leur demander l'autorisation de les citer, nous ne les nommerons pas.

20. Les faits cités ici s'inspirent en partie du rapport Guénette-Haines, produit en 1992 à la suite de cette observation qui fit couler beaucoup d'encre. Ayant lui-même été témoin de ce phénomène à l'époque, l'homme d'affaires et spécialiste en ovnis Bernard Guénette décida de réunir toutes les données possibles sur ce cas étrange, faisant également analyser les photos prises par le journaliste Marcel Laroche et étudier le dossier en long et en large. Pour ce faire, il demanda

la collaboration du scientifique américain Richard Haines, également consultant en optique pour la NASA. Ce rapport demeure l'un des plus importants à ce jour au Québec sur un cas d'observation d'objet volant non identifié.

21. Source: Joël Mesnard, *Men in Black*, Grenoble, Le Mercure Dauphinois, 2005, p. 12.

22. Traduction libre: «Trois hommes en costumes noirs à l'air menaçant. Trois hommes qui s'avancent vers vous, en formulant des demandes insistantes. Trois hommes qui savent que vous êtes au courant de l'existence des soucoupes volantes. Ils ne veulent pas que vous disiez à quiconque ce que vous savez.» Gray Barker, *They Knew Too Much About Flying Saucers*, New York, University Books, 1956, p. 92.

23. Jean-Pierre Petit, *Enquête sur des extra-terrestres qui sont déjà parmi nous: le mystère des Ummites*, Paris, Albin Michel, 1991, 220 p.

24. *Ibid.*, p. 217.

25. Un avion qui vole à Mach 1 se déplace à une vitesse égale à celle du son; à Mach 2, sa vitesse correspond à deux fois la vitesse du son, et ainsi de suite. La vitesse maximale atteinte jusqu'à maintenant par un avion, le X-43 (sans pilote), a été de Mach 9,6 (11 000 km/h).